脳と刀

保江邦夫
Yasue Kunio

脳と刀

精神物理学から見た
剣術極意と合気

海鳴社

もくじ

挿絵：北村好孝・北村英久

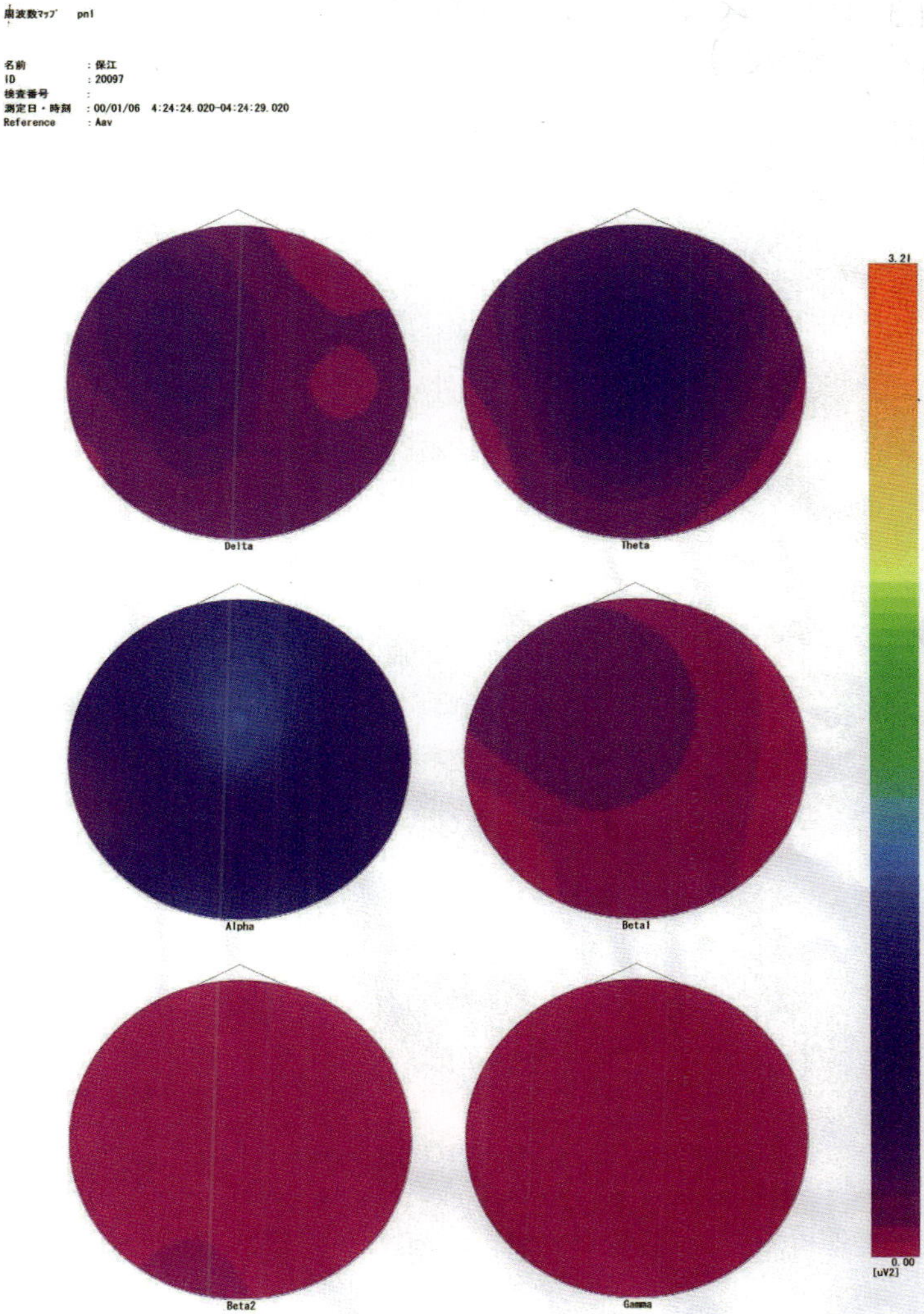

図1　合気をかけていないときの脳波トポグラフィー影像では、中段左にあるアルファ波強度は低い。強度分布は紫が最低レベルで、赤が最高レベルを表す。

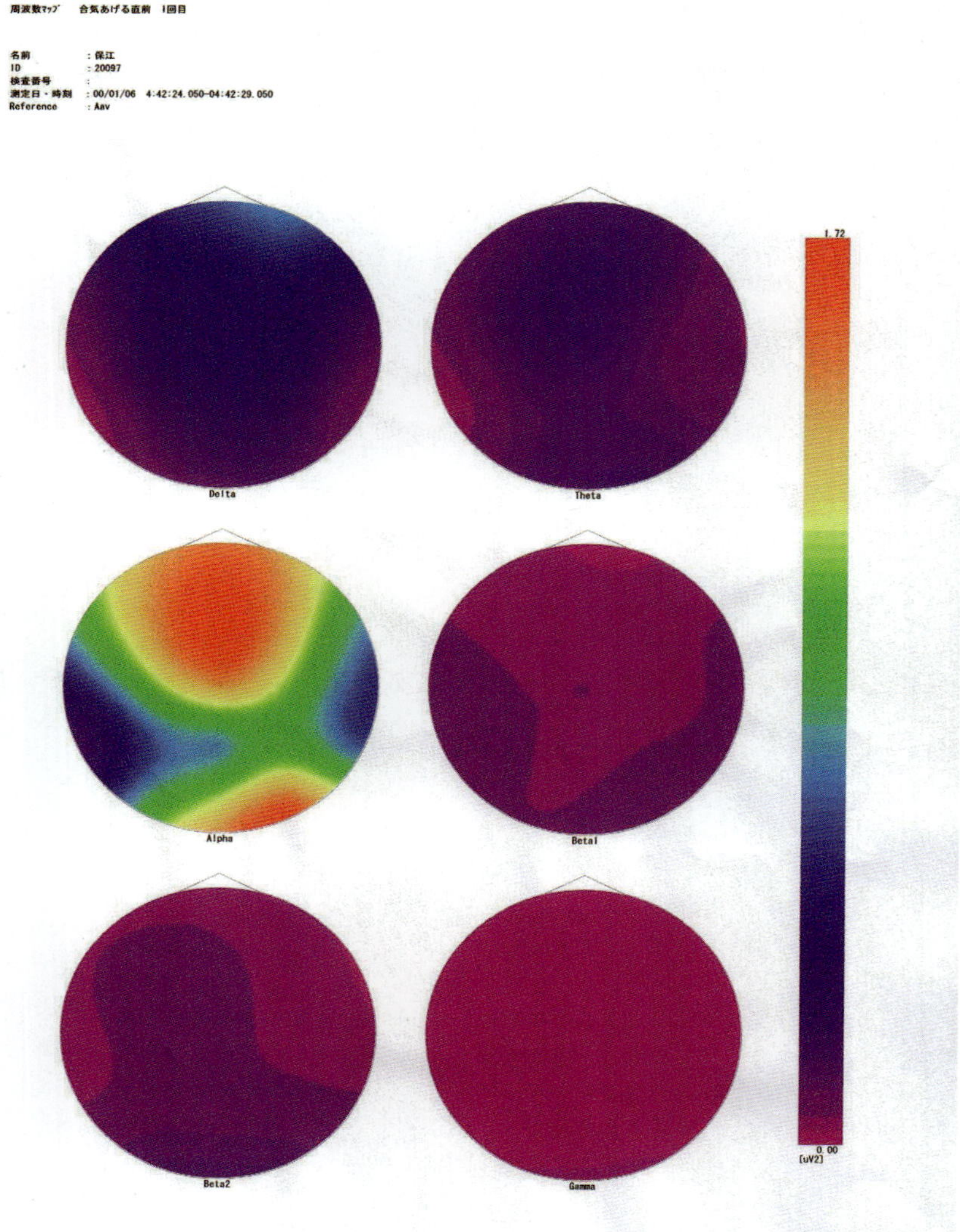

図2　合気をかけているときの脳波トポグラフィー影像では、中段左にあるアルファ波強度が強く後頭葉では右側に偏る傾向がある。

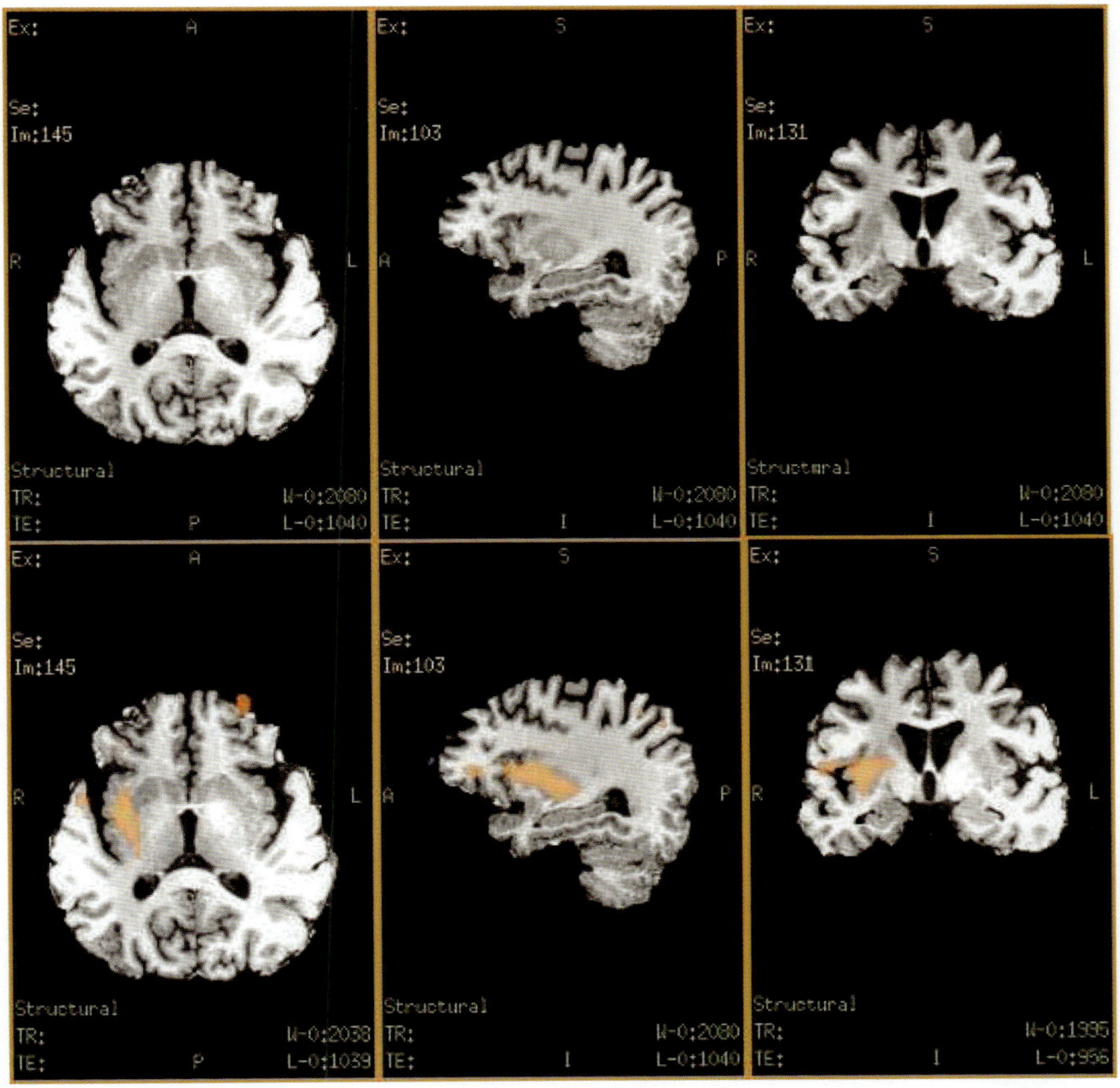

写真１　機能的磁気共鳴画像法（fMRI）で撮影した大脳基底核付近の水平方向断面活性図（左）、前後方向垂直断面活性図（中）及び左右方向垂直断面活性図（右）。上の段は合気をかけていないときであり、下の段は合気をかけているときのもの。活性強度は赤色の濃淡で示され、濃い赤ほど活性が大きいことを表す。

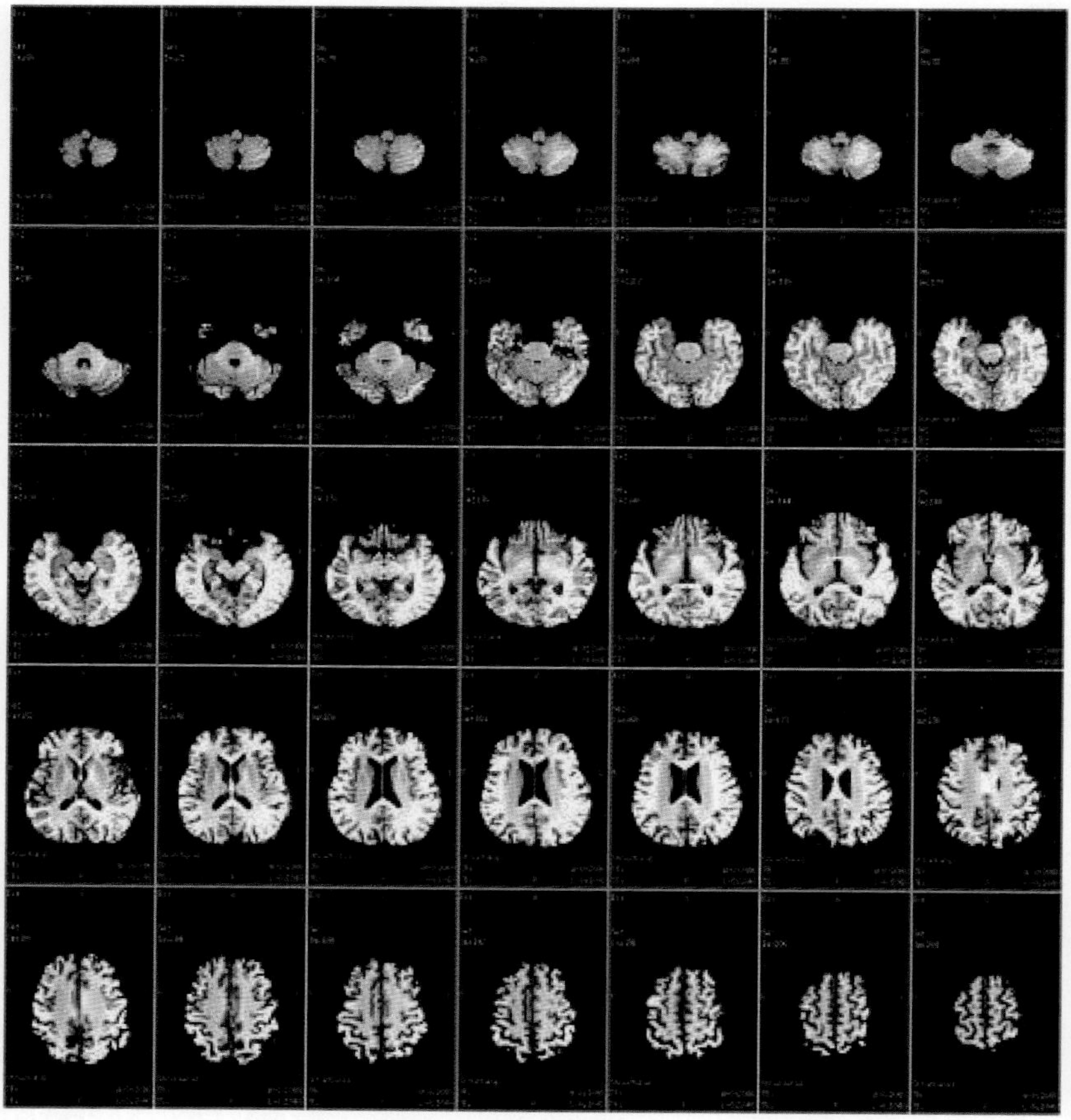

写真2　fMRI で撮影した合気をかけていないときの脳の水平方向断面活性図。

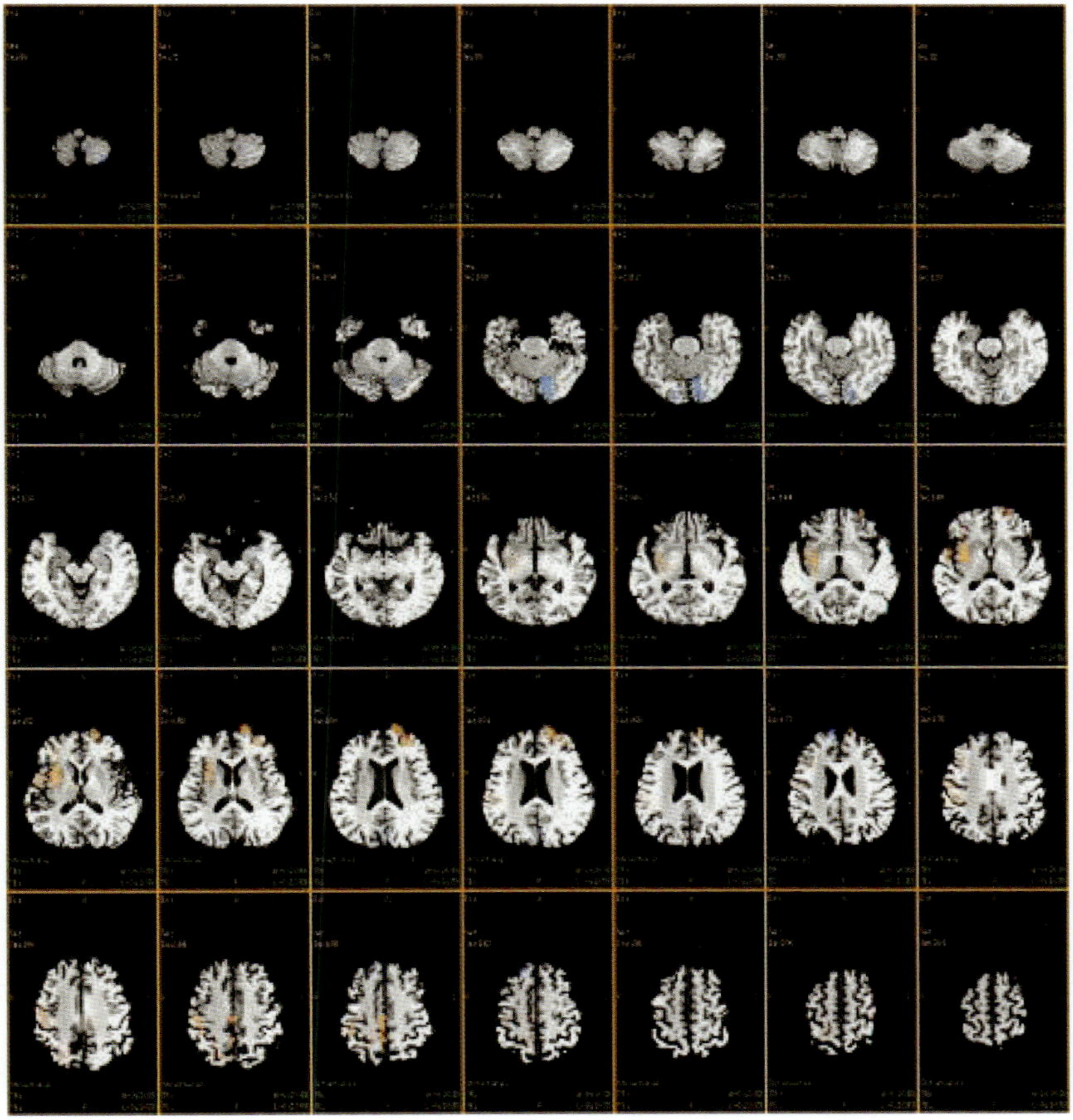

写真3　fMRI で撮影した合気をかけているときの脳の水平方向断面活性図。

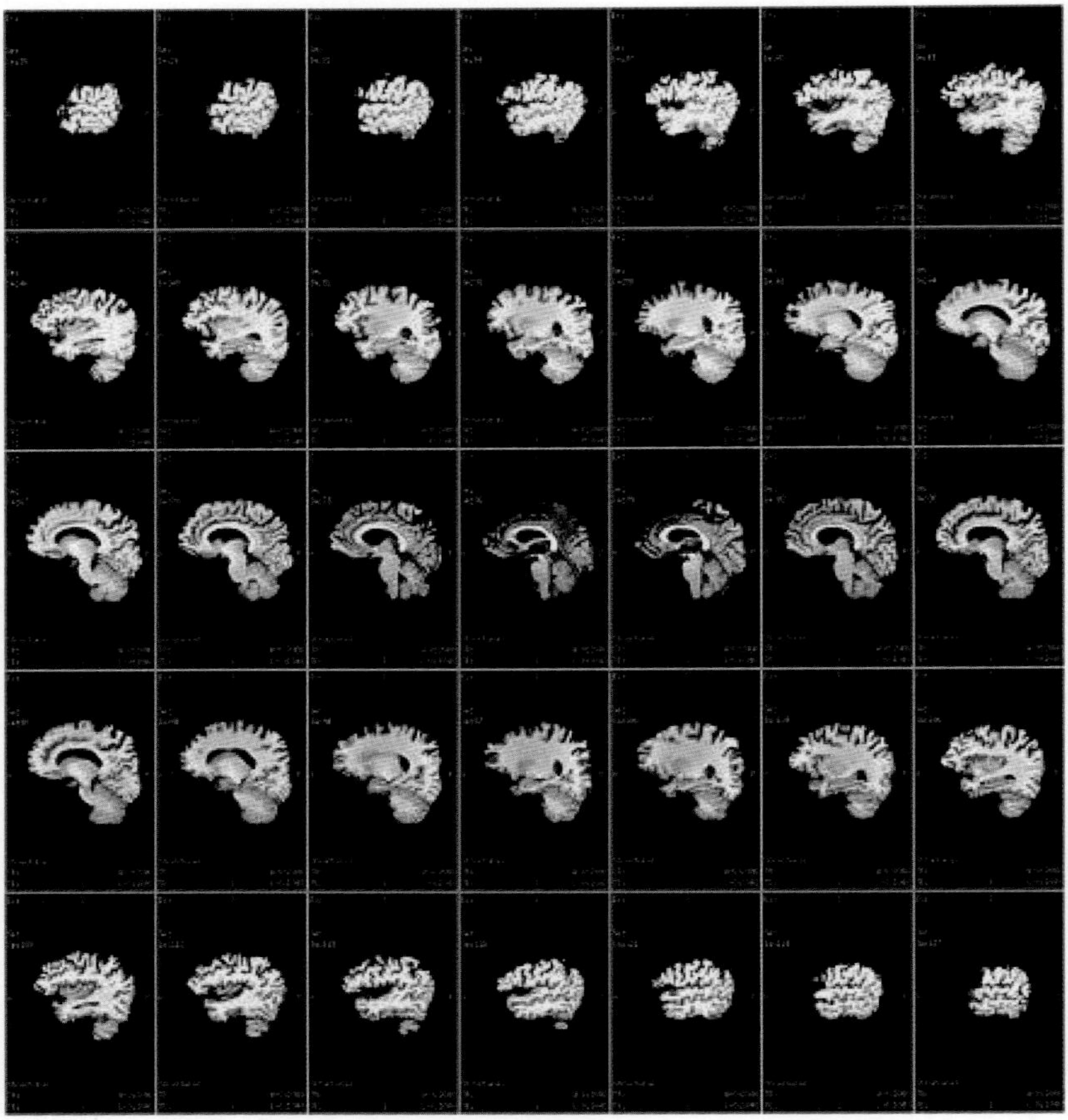

写真4　fMRI で撮影した合気をかけていないときの脳の前後方向垂直断面活性図。

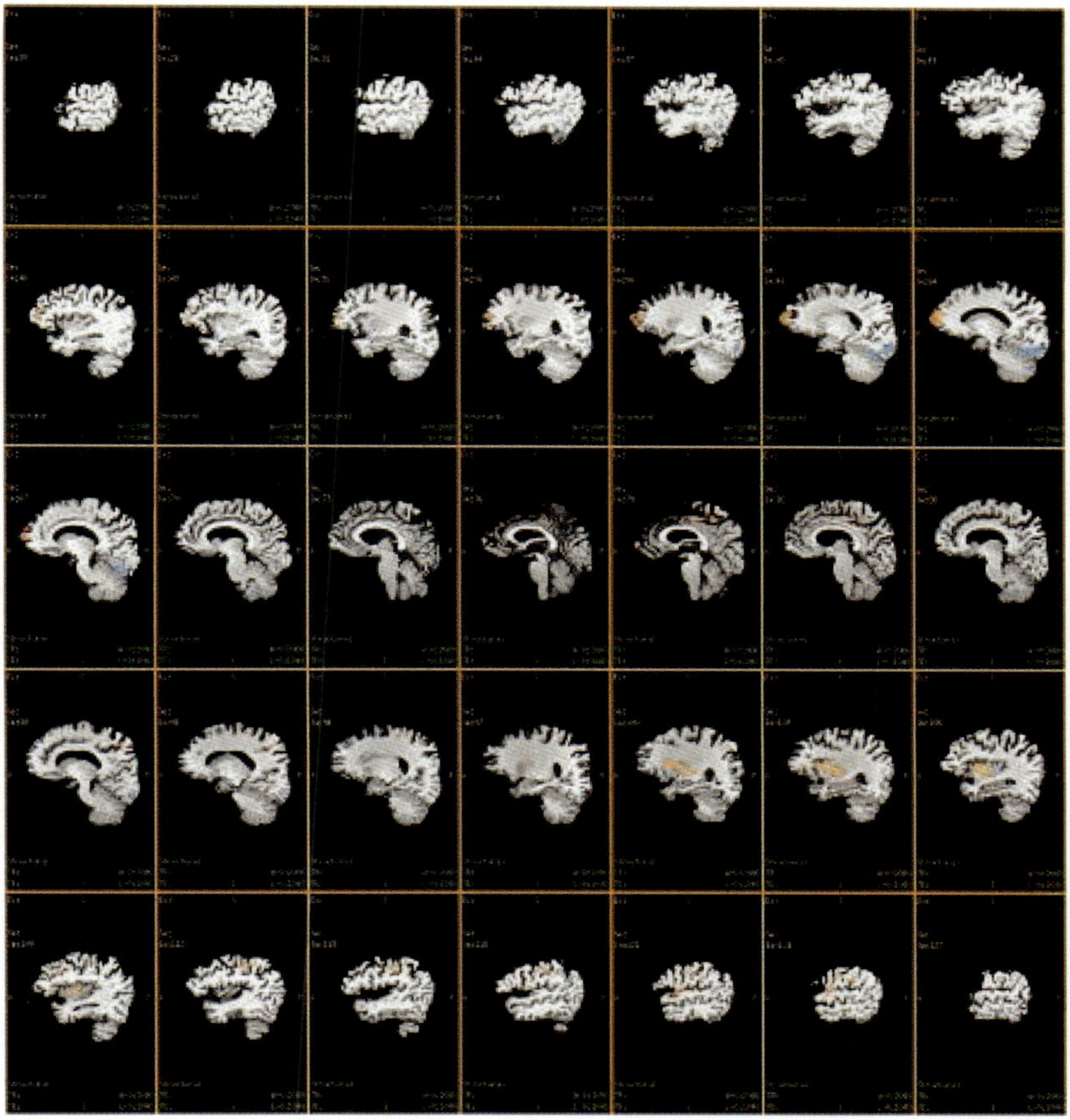

写真5　fMRIで撮影した合気をかけているときの脳の前後方向垂直断面活性図。

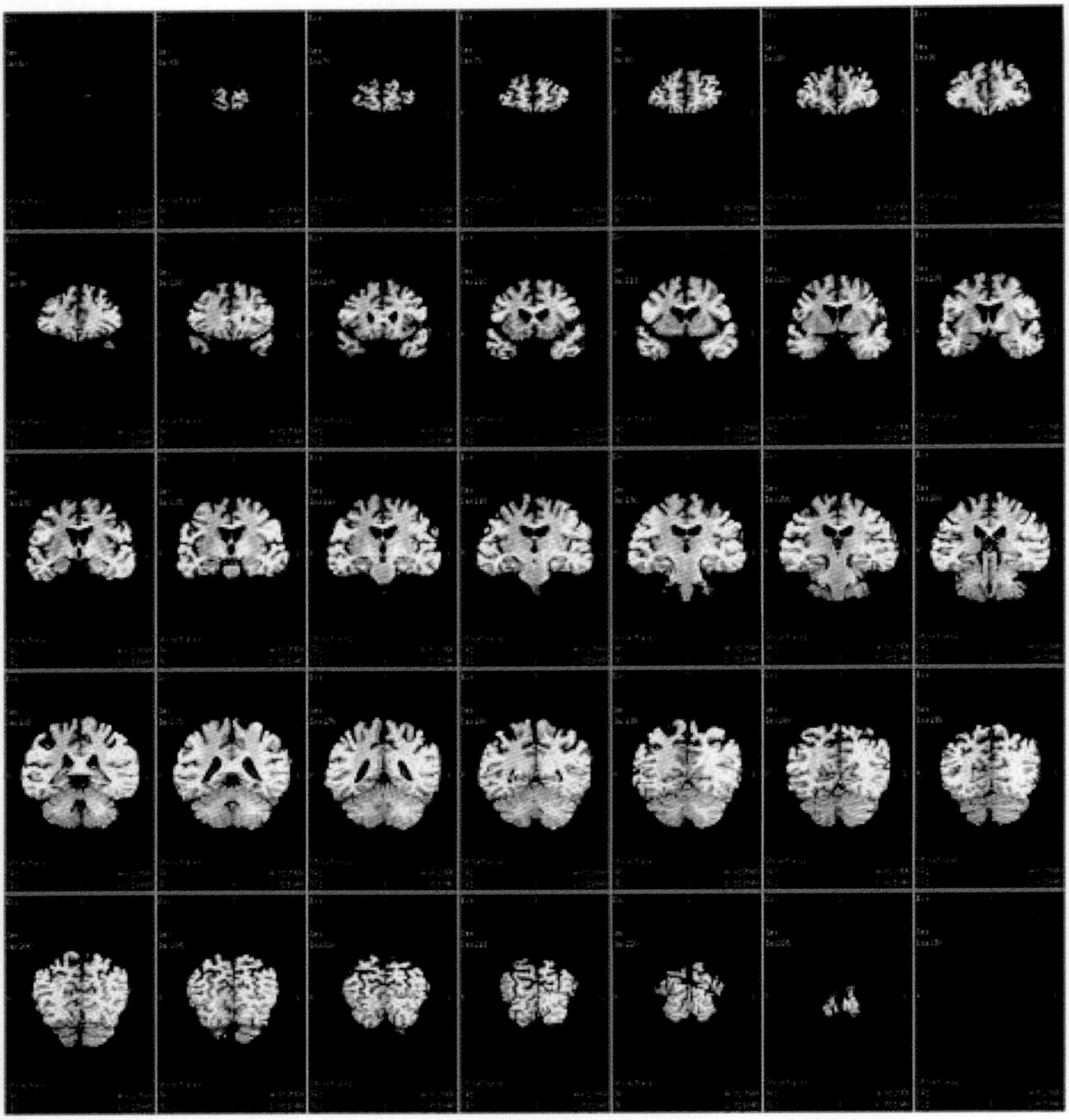

写真６　fMRI で撮影した合気をかけていないときの脳の左右方向垂直断面活性図。

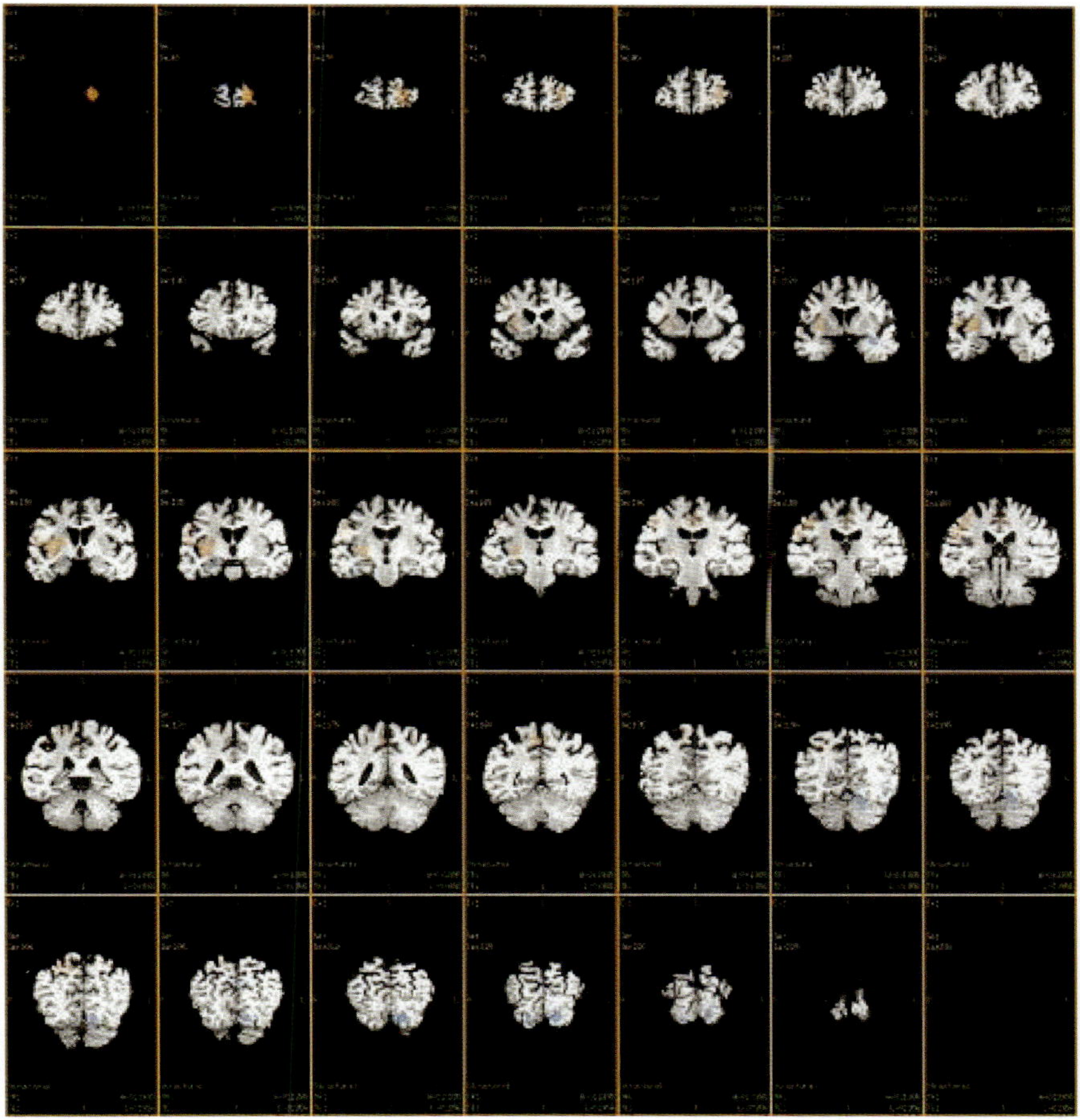

写真7　fMRIで撮影した合気をかけているときの脳の左右方向垂直断面活性図。

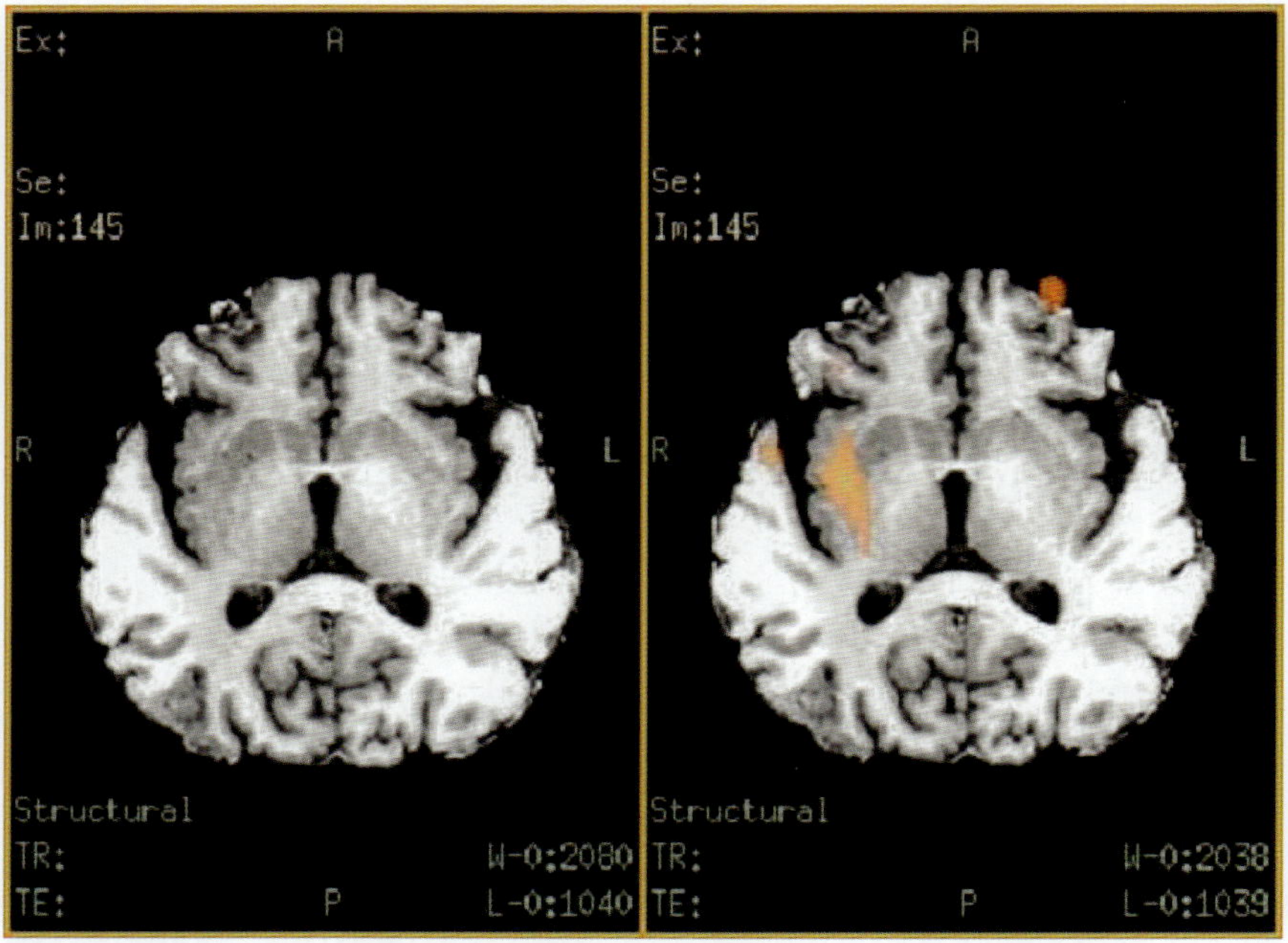

写真８　fMRIで撮影した脳中心部の水平方向断面活性図。左は合気をかけていないときであり、右は合気をかけているときのもの。

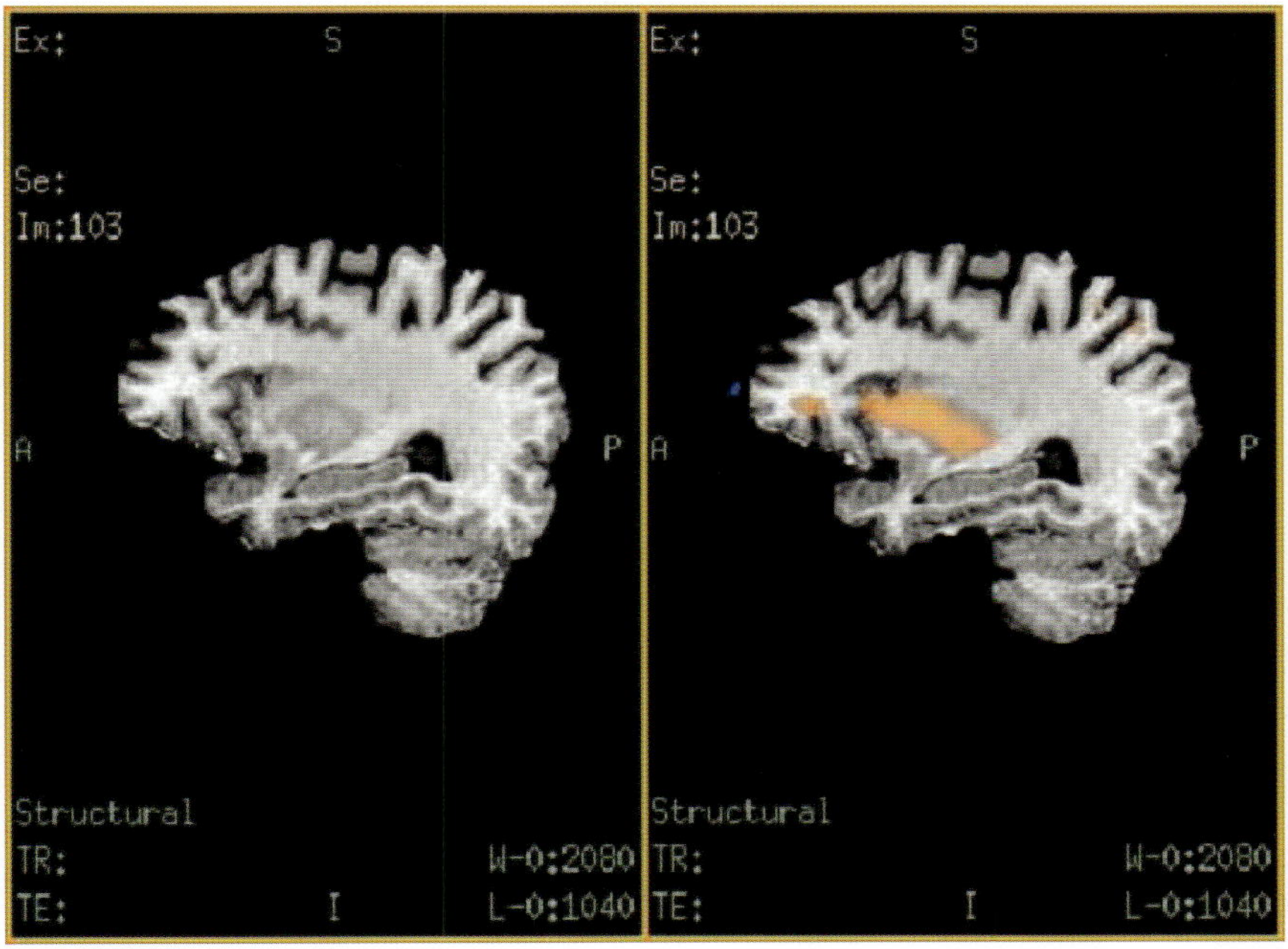

写真9　fMRIで撮影した脳中心部の前後方向垂直断面活性図。左は合気をかけていないときであり、右は合気をかけているときのもの。

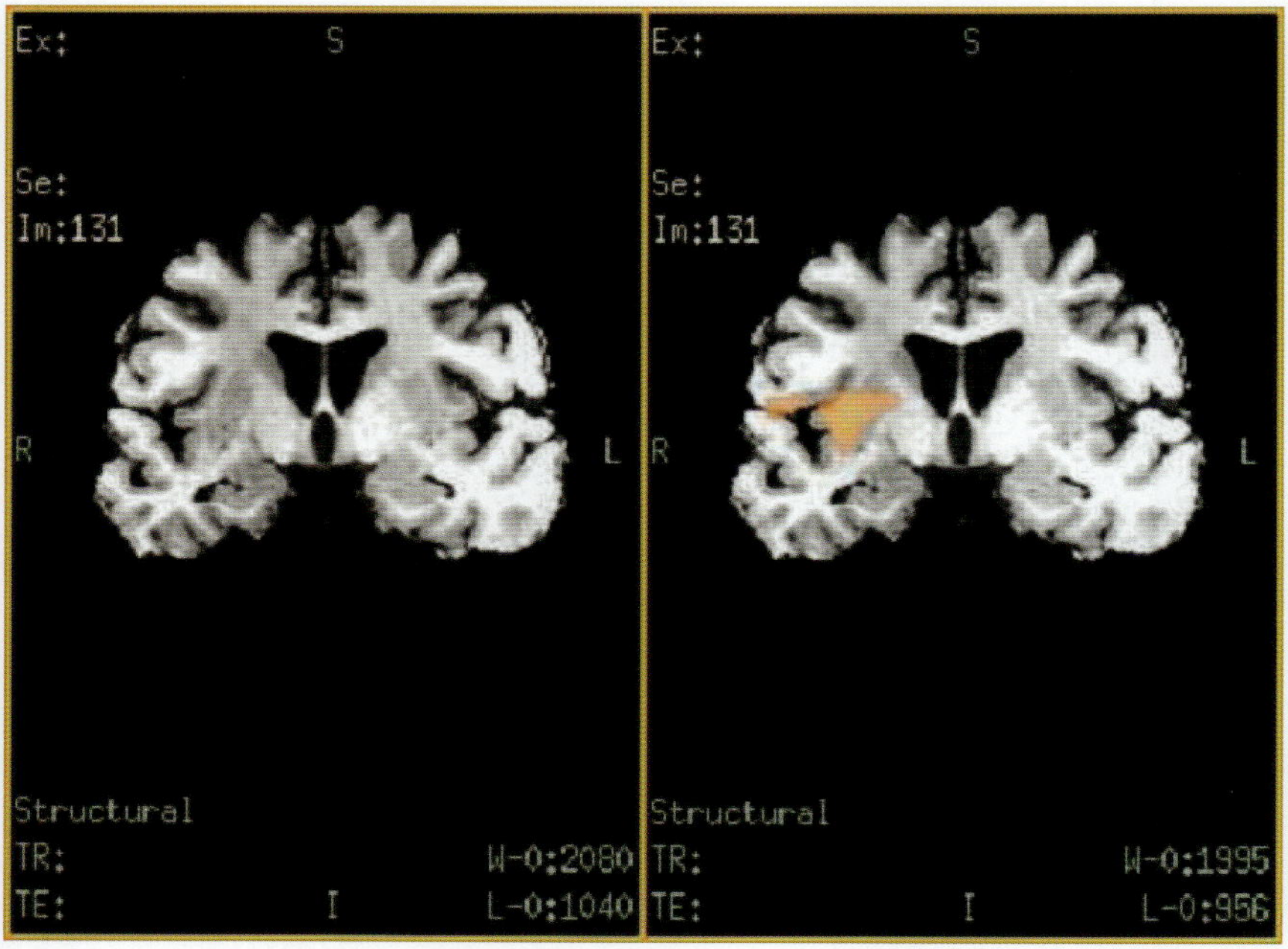

写真 10　fMRI で撮影した脳中心部の左右方向垂直断面活性図。左は合気をかけていないときであり、右は合気をかけているときのもの。

はじめに

明らかに名著『菊と刀――日本文化の型――』（ルース・ベネディクト著＝講談社学術文庫）を意識したとわかる題目だが、文化人類学から武道を論じているわけではない。本書の主題は、長年にわたって自然科学的観点から武道の奥義を追い求めてきた著者が最終的に到達した、新天地「脳」の中に隠された驚愕の真実を明らかにすることにある。

むろん、その真実を長年にわたって覆い隠してきたベールをはぎ取るという幸運に恵まれた背景に、物理学者でありながら脳科学の研究に打ち込むかたわらで武道の極意を会得する修行を続けてきたという僕自身の破天荒な生き様があったことは否めない。他に似て非なる人生を送ってきた自然科学者の噂を耳にしたことはないため、明らかとなった真実を公にするという役目を背負ってしまったという思いを払拭できなかったのも事実。

だが、武道の基本原理に脳の機能が大きく関与しているという真実など、ごく一部の限られた人々の間でのみ秘密裏に温存すべきではないかという意見も多い。実際のところ、武道流派の秘伝や口伝として扱われている奥義やキリスト教グノーシス派あるいは仏教密教派における秘儀のように、重要な真実であればあるほど厳選された人達の間で門外不出の扱いを受けているのも確かだ。あるいは、フリーメーソンやイルミナティーなどに代表される、驚愕の真実を隠しとおすための秘密結社までもが世界的に台頭してきたことも知られるようになっている。

確かに、自分達だけが人間存在の根幹にかかわる重大な真実について理解しその恩恵に拠っているという状況は誰の身にも心地よく、その特権を他の誰にも渡したくないと考えるのは自然なことかもしれない。だが、我々人間は分け隔てなくすべての真実を知ることができなければならない。どの人間も、いつでもどこでもすべての人間の代表として相応しい人間だと考えられる世の中こそが、真の人間社会のあるべき姿なのだから。青臭い理想論かもしれないが、もうそろそろ我々人類もステップアップすべき時期にさしかかっていると信じ、脳の奥深くに見出された武道の基本原理のすべてを公開することにした。

その驚くべき内容のすべては脳科学についての学術研究の場では初めて登場するものだが、ひょっとするとその主要な部分については既に米国やロシアなどの大国における機密研究として極秘の内に軍事利用されているのかもしれない。実際のところ、十五年ほど前に米国で開催された国際学術集会の席上で脳組織における量子電磁力学的作用機序についての理論研究について発表したとき、米海軍関係の研究所から出席していた脳科学者が異様なほど感情的になって発言を封じ込めようと躍起になっていたこともあった。

今から考えれば、そのとき研究していた脳の作用機序の一部も今回新しく見出された武道の秘奥と強く関連していたわけだから、その方向の流れが学界に生まれるのを軍関係者として黙って見過ごすわけにはいかなかったに違いない。十五年前の時点でそうだったのだから、現在では我々の個人的研究成果よりもさらに数段進歩している軍事的機密研究成果があると考えるのは自然なことだし、それが実際に使われている可能性を否定することはできない。このままでは、善良な科学者や一般市民がとうてい知ることのできないところで、脳機能を完全にコントロールされた兵士が人工的な武道の達人として裏社会の中で暗躍するという、ハリウッド映画まがいの世界になりかねないのだ。

ごく一部の人達の間でのみの秘密とする限り、現代における先端的脳科学研究の軍事利用に歯止めをかけることは難しい。それを痛感した我々は一九九九年に国際連合大学で開催された国際研究集会の席上、脳科学から一切の軍事研究を排除するTokyo '99宣言を発信したのだが、事態はいまだ改善の兆しすら見せないようだ。そんな暗雲を吹き飛ばすための一助となることも願いつつ、武道の基本原理が未解明の高次脳機能に強く関連していることを示唆する様々な研究事実を初期段階から広く一般の皆さんにも知っていただこうと思う。

その第一弾が、科学者や武道家のみならず一般読者をも想定した本書に他ならない。それは、武道の秘奥に現代脳科学から迫ろうとする斬新な研究により見出された驚くべき真実について、公にしたものだ。

手探りの黎明期を迎えたばかりの科学研究について、その途中経過や不確定要素の多い今後の動向について一般に公表するのは時期尚早であり、科学者であるならば己の研究活動に専心すべきだという意見も少なくない。だが、それは我が国における古い時代の科学者達の村社会にはびこってきた悪習から発せられるものであり、そのような考えに与する段階でもはや科学者としての社会的責任を放棄していると知るべきだろう。

自然科学研究でリードする欧米の科学者に求められている重要な資質のひとつは、現在進行形の研究内容を絶えず平易なわかりやすい言葉で一般市民に発信する表現能力と、それを続けることができる根気強さに他ならない。現代社会においては、科学者ひとりひとりが科学ジャーナリストをも兼務することが求められているのだ。

この本は、日本科学技術ジャーナリスト会議会員でもある現役科学者として長年にわたり武道流派に縛られることなく武術の極意を探求してきた著者が、最終的に辿り着いた武道の基本原理を明らかにするための脳科学研究の内容や今後の展望について、広く一般の皆さんとリアルタイムに共有していくための新しい試みとして世に問うものである。未知の領域へと突き進んでいく科学研究の現場が、よくいわれるような地味で目立たない重箱の隅を突つく感のある実験努力の集積ばかりではない、まるで冒険活劇そのものであるかのようなロマン溢れスリルに富んだ場面の連続でもあることを実感していただければと願う。

そう、あたかも気の利いた推理小説を楽しむかのように……。

精神物理学!?

理論物理学者でありながら脳科学の研究にもかかわってきた変わり種だったため、普通の物理学者が知らないような医学・生理学用語にも馴染んできていた。だが、そんな僕にさえまったく初めてだった「精神物理学」というおどろおどろしい響きを耳にしたとき、僕は完全な思考停止状態に追い込まれてしまった。何故なら、そのいささか禁断の臭いのする言葉を口にしたのは、素粒子論研究で世界的に知られる物理学界の重鎮でありながら脳科学研究にも精力的に取り組んでこられた正統派の碩学だったのだから。

その先生には大学三年時に「量子力学」を講義していただいたのだが、僕は決してできのよい学生ではなかったし、授業の半分以上はサボっていたような記憶がある。それでも、こうして時折酒を飲みながら話をしてくださるのは、この僕もまた物理学者として脳科学に首を突っ込んでいたからだ。物理学だけでなく脳科学や神経科学の分野で生き字引と目されるほどに博学であるだけでなく、研究上のすべての重要な発見や新事実についても実に深い思索による独自の解釈を展開されていたため、何かつまずきそうになったときには先生に助けを求めることにしていた。

ただ、その数年前から僕自身は研究現場から退いていたため、久し振りに先生から声をかけていただいたとき何となく心の奥に後ろめたいものを感じてもいた。行きつけの寿司屋のカウンターで最近の先生ご自身の研究内容についてお聞きしていたとき、その後ろめたさをはっきりと自覚することになったのは、急に「君は最近どんな研究をしているのですか」と問われたときだ。

覚悟していたとはいえご恩ある先生に嘘もつけず、かといって本当のことを話したら最後、いったい何をトチ狂ってトンでもないことを研究しているのかと一喝されたあげく学者として見放されてしまう。まさに、万事休す。

だが、少しの間自分を見つめていた僕は、観念したかのように正直にお伝えすることにした。その頃に取り組み始めていた研究内容について……。もちろん、確実にお怒りを受けると思っていたわけだから、実に歯切れの悪い口調に終始しながら。

こうして、武道の奥義の中には脳組織に働きかけることで相手の身体を崩す技法があり、その作用機序について脳科学の観点から明らかにする研究に取り組んでいるのだが、相手の身体に触れる前から脳が影響を受けたり場合によっては触れないでも崩れるといった現象があるので、とてもまともな科学研究とは見られていないと、自らを卑下する作戦に徹することで少しでもお怒りが静まるように願っていた。首をすくめるかのようにビクビクしながら、先生のカミナリが落ちる瞬間に向かって高鳴る心臓の鼓動が響き渡っていた僕の耳に飛び込んできたのは、しかしながらまったく想定外の穏やかな口調での激励だった。

「何も遠慮なさることはありませんよ。そのような現象を扱う精神物理学という分野が盛んに研究されていた時代もあり、ニュートンやヘルムホルツだって主として研究していたのはPsycho Physics、つまり精神物理学だったのですから。それに大学のときの同僚の教授の中には、しきりに超能力者を連れてきて色々と実験をしていた女性がいましたが、それだって精神物理学として意味のある研究だと思いますよ。君も精神物理学をやっていると言って、もっと胸を張って臨めばよいのではないですか」

ヘルムホルツ

定年退官後も物理学界に大きな影響力を持ち続けている大先生の口から、まさかそのようなお言葉を頂戴できるとは思ってもみなかったことだったため、素直に喜べばよいところを頭の中を下手な考えが反響していったあげくオーバーヒートの蒸気で真っ白となった思考は完全に停止。しかも、近代物理学の祖と目されるイギリスの大物理学者ニュートンまでもが熱心に研究していたらしい初耳の「精神物理学」という、何かとてつもなく得体の知れない響きをもつ禁断の用語がよりにもよって物理学界を代表する正統派の重鎮から発せられたのだから。

精神物理学！

うーん、いったい如何なる物理学の分野なのだろうか？

現代物理学の中で脳などの生体組織における原子・分子レベルの生命現象を研究する分野は生物物理学と呼ばれているわけだから、脳組織に働きかけることで相手の身体を崩す武道の奥義を物理的に解明するというのは普通ならば生物物理学の範疇と捉えられるはず。にもかかわらず、脳科学を物理学の観点から精力的に研究されてきた尊敬する理論物理学者が僕に指摘して下さったのは、精神物理学だった。

これが、そんじょそこらの物理学者が言うのであれば如何にも胡散臭そうな初耳の分野に興味など示すわけもなかったし、だいいち英文名の Psycho Physics の前半は Psychology つまり僕が科学的な学問ではないと考えている心理学を指し示しているわけで、絶対に遠ざけていたはず。しかし、この僕が最も尊敬する物理学者が指摘して下さったわけだから、これはきっと何かのつながりがあるはずだと考えることになった結果、翌日にお酒が抜けてから出向いた書店で出版されたばかりの訳本を見つけることができた。

ドイツの物理学者グスタフ・フェヒナーが十九世紀に書き残したものだが、タイトルは『フェヒナー博士の死後の世界は実在します』（グスタフ・フェヒナー著＝成甲書房）というぶっ飛んだものだった。だが、著者解説を見る限り、まっとうな物理学者であるだけでなく音や光などの外部刺激を人間が知覚する場合に物理的強度の対数で感覚強度が決まるという、「ウェーバー・フェヒナーの法則」を提唱し精神物理学を創始したとまである。ただ、フェヒナー博士自身も死後の世界にまで言及するこのきわどい著作については慎重に取り扱ったようで当初はペンネームで出版されていたようだが、晩年になって自分が書いたことを明らかにして精神物理学に関する一連の著作集の中に入れたそうだ。

死後の世界にまで踏み込んだドイツの物理学者が世に広めた精神物理学だが、実は近代精密科学の基礎を与えるいわゆる古典物理学の完成に大きく寄与したイギリスの物理学者アイザック・ニュートンもまた、精神物理学につながる研究を精力的に続けていた。むろんフェヒナーよりも一世紀以上も前のことであるため、その研究内容は「錬金術」や「オカルト秘儀」と呼ばれ、現在では近代精密科学の父としてのニュートンの偉大な業績にそぐわない汚点と見なされているようだ。

そのことも相まって、「精神物理学」という研究分野を認めること自体が物理学界ではタブー視されてきたために、既に僕の世代の物理学者でもその存在を教えられることはなかった。「精神物理学」が現在までかろうじて生き残れたのは、むしろ自然科学よりも人文科学と解される心理学の中でのことで、そこでは色彩や音感など外部からの物理的刺激に対する人間心理の働きが既存の脳科学の観点から研究されている。むろん、そのような意味の精神物理学的な研究が最新の脳科学研究の最前線にフィードバックされることはめったになく、生体中の量子電磁力学の枠組で脳組織の高次作用機序を研究していた物理学者である僕の目に止まることもなかった。

死後の世界やオカルト的なことまでも論じるというのは、文学部で研究する心理学なら許されても、理学部の物理学としてはとうていあり得ないというのが大多数の科学者の考え方だ。ところが、生来のへそ曲がりを自負する僕はこの「大多数」というのが大嫌いだし、おまけに研究分野や研究の対象を選ぶときの規準は単に好き嫌いだけでとおしてきた。まあ、穿った反骨精神かもしれないが、ニュートンからフェヒナーやヘルムホルツといった大物物理学者が密かに生涯を賭した「精神物理学」の存在を尊敬する恩師から教わったのも何かの縁。ここは、僕自身が納得できる形の「精神物理学」を組み上げてみるべきかもしれない！

物理的刺激に対する人間心理の働きを既存の脳科学の観点から研究するのが心理学における精神物理学というのなら、物理的刺激に対する精神作用と身体運動の極致と目される武道の奥義を最新の脳科学の観点から研究するのも立派な精神物理学といえるはず。そう、脳組織に働きかけることで相手の身体を崩す武道技法の作用機序について脳科学の観点から明らかにし、武道の基本原理ともいうべき真理を発見することを目論んだ研究を細々と続けてきた僕だからこそ、たとえ異端の物理学者と呼ばれることになったとしても、消えかけていた精神物理学の法灯に油を足すことくらいはできるのではないだろうか。

どの民族に伝わる武術技法の中でも、弓と刀を用いるものが最も神格化されている。アポロンの弓やアーサー王の剣が西の筆頭ならば、東の張り出しは日本の国技相撲にも登場する和弓と日本刀だろう。むろん、東西の神話的伝説での話では文字どおりお話にならないのは、百も承知。だが、少なくとも我が国における弓術と剣術においては、その奥義が単に身体的運動能力や戦闘技法の向上錬磨の延長線上にあるわけではないことを示した実話が数多く残されている。

現在の東北大学の前身である東北帝国大学で教鞭に立ちながら、禅と弓道を修行したドイツ人哲学者オイゲン・ヘリゲルが著書『日本の弓術』（岩波文庫）や『弓と禅』（福村出版）の中で書いているように、弓道の達人阿波研造師範は暗闇で狙うことができない的の中心を一射目で見事に射抜いただけでなく、続く二射目の矢は的に刺さったままの一射目の矢軸を割くようにして的の中心に吸い込まれていたという。このとき、阿波師範はヘリゲルに「的を狙ってはいけない。心を深く凝らせば、的と自分が一体となる。自分自身を射なさい」と諭した。

狙わずして、的を射抜く！

それだけでは、ない。身体的な目ではなく、心の目、心眼で的を捉えることをここまで具現できることの素晴らしさは、ついには弓を捨ててしまえるほどに深い悟りの境地へと導くことにある。

事実、阿波研造自身は「できればこんなことは見せたくはない」とヘリゲルに伝えていたという。どうしても弓の心に触れることができずにいた弟子を導くために、やむを得ずやってみせたにすぎない。身体的な目ではなく心の目で的を捉えることさえできれば、見えない的の中心でさえ射抜くことができるということを。不可能を可能にするそんな超人技があれば、確かにもはや向かうところ敵なし。まさに神業を示す達人の前に、すべての人間が平伏して教えを乞うはず。

オイゲン・ヘリゲル

ところが、オイゲン・ヘリゲルに弓術の心を教えた阿波研造師範の素晴らしさは、不可能を可能にする達人となったことではなく、むしろその先へと歩み続けたことにあるのだ。実際、ヘリゲルが師事した頃の達人阿波師範は、既に「不射の射」を実践していたという。心眼で的を捉え見えない的の中心を射抜くという超人的な技を手にしたならば、如何なる的も百発百中。多くの優れた達人はこの境地にとどまるのだが、阿波研造は違った。

もはや、百発百中であるなら、的を射抜くこと自体には何の意味もない！

そう考えた達人は、的に向かって矢を放つことをしない「不射の射」の高みへと昇り、己の心の奥深くに生きとし生けるものすべてに対する仏陀の慈愛を見出すのだ。

矢で相手の心臓を射抜くという最も殺戮的な武道であるはずの弓道の達人は、こうして全く正反対にしか捉えられることのなかった禅の境地にも似た極意に達する。

似たような逸話は、剣道の源流となった刀で斬り殺す武道としての剣術の達人にも多く伝えられている。本来は「殺人剣」を磨く目的であるはずの剣術修行を重ねた剣の達人が、何十人もの剣士達と真剣勝負をして斬り殺した末に行き着く境地。それが、殺伐とした「殺人剣」ではなく、敵をも活かす「活人剣」だったというもの。そして、刀を棄てた剣の達人は、御仏の前で無心に座り続けることで人を活かす道を実践していく。

阿波研造

たとえば一刀流剣術の始祖として知られる伊藤一刀斎景久は、弟子の中でも一番腕が立ち唯一精妙の域に達していた卑賤無学の善鬼という弟子では真の奥義を継がせることができないと考え、術において善鬼には及ばないが人格において優れていた神子上《みこがみ》典膳（あるいは御子神典膳。後に小野忠明と改名）に夢想剣と呼ばれる秘伝を授けた上で、あるとき二人に野試合を命じた。期待に応えて善鬼を倒した典膳に秘蔵の備前一文字の太刀を手渡し、今後は江戸に戻って夢想剣によって身を立てるよう伝えた一刀斎は、そのまま剣術を捨て単身で仏道の修行のため諸国を行脚し消息を絶ったといわれる。

阿波研造からオイゲン・ヘリゲルへと示された心を深く凝らせて的と自分が一体となる弓術奥義と、伊藤一刀斎から神子上典膳へと授けられたあたかも夢を見るかの如き状態に自分を追い込む夢想剣の奥義。そのふたつの継承場面に見られる共通性は、それが身体技法の延長で語られるのではなく心とか夢想といった人間精神の内面でしか語られていないという点だ。ということは、まさに精神物理学としての絶好の研究対象となるのではないだろうか、武道の秘伝や奥義というものこそが！

一刀流夢想剣

伊藤一刀斎から夢想剣という剣術奥義を継いだ神子上典膳の評判は天下に知れ渡り、徳川家康により小野次郎右衛門忠明という名を授かるほどになった。特に柳生但馬守と並んで将軍家指南役となってからは、小野派一刀流と呼ばれ隆盛を極めることになる一刀流剣術の祖として後世にまでその名が知れ渡っている。ここで、その夢想剣が実際にはどのような剣技であり如何に無敵であったかを明らかにすることで、武道と精神物理学の間の深いつながりを紐解くための手がかりとしよう。

夢想剣の圧倒的な強さについては、小野忠明自身について様々に語り継がれている『日本剣道史』あるいは『一刀流三祖伝』等の剣術伝書に収められた武勇伝の数々、さらには史実に基づいて書き起こされた剣豪小説などに詳しい。しかし、それが真に無敵の境地に達していたことを推し量るには、時の将軍家指南役であり天下一と謳われた柳生但馬守宗矩《むねのり》やその長子十兵衛三厳《みつよし》に対峙した逸話だけで充分ではないだろうか。『日本武術神妙記』（中里介山＝河出文庫、河出書房新社）から該当部分を現代文表現に直して引用しておこう。

■　柳生但馬守宗矩が小野忠明の剣術を見たいと願ったことがあった。忠明はそれを承諾し、柳生屋敷を訪れる。しばらく歓談した後、小野忠明のほうから柳生宗矩に相手を務めてくれるように願った。しかし、宗矩はそれを断ってから長子の十兵衛に自分の代わりとして相手するよう命じたため、十兵衛が木刀を持って小野忠明と対峙することになった。直後、その場に木刀を捨てた十兵衛は

「忠明殿の術は水に映った月のようであり、とても打ち込んでいけるものではない」

と言って感服した。

それを見た弟の柳生兵庫が立ち向かってこようとするとき、小野忠明は

「但馬守殿の先程のお言葉は、私の剣術をご覧になった上で相手を務めて下さるというお考えでのものではなく、門人の皆さんが達した術の深浅を試してほしいというのが真意であります。そうすると、一人ずつ試すのも大勢一度に試すのも同じことですから、各々方三人でも五人でも一度にかかって遠慮なく私に打ち込んできて下さい。そうすれば私の術の程度も各々方にわかり、また各々方の技も私に一目瞭然となるでしょう」

と告げた。

そこで、柳生兵庫と門下の木村助九郎、村田与三、出淵平八の四人が出てきて、小野忠明の前後左右から攻め込み、機会があれば忠明を木刀で打ち殺そうとまで狙ってきた。そのとき、柳生宗矩と十兵衛は同時に

「門人共は格別に注意してかかり、兵庫は控えて忠明殿の術を側から見学しておくように」

と諭した。

こうして、三人の門人がそれぞれ小野忠明の前と左右から向かっていった。

正面からかかっていった助九郎はどういうわけか太刀を交える前に木刀を奪われてしまい、忠明は奪い取った木刀で左からかかってきた村田与三が打ち出そうとする両手を抑えて働かせない。その間に出淵平八は忠明の右後ろから木刀を上段に打ち込んでくるが、忠明はその太刀の下をくぐって平八の両手を抑えながら与三の後に回ったため、平八は忠明を討ち外しただけでなく誤って与三の頭をしたたかに打って気絶させてしまった。門人達が驚いて与三を介抱していたとき忠明は
「村田さんは思わぬ怪我をされてしまったが、味方に打たれたのですから私の無調法とは言われないでしょうね」

と笑っていた。

その後、柳生宗矩が門人達に対して小野忠明に向かったときの心持ちを尋ねると、門人達は
「小野先生のやり方は、ただ水を切り雲をつかむかのようなものでした。たまたま木刀に当たると跳ね返されて持ちこたえられません。まさに、名人というのがあれではないでしょうか。でなければ、世にいう魔法使いと申すより他はありません」

と答えた。

柳生十兵衛三厳は小野忠明の妙術に感心し、村田与三と共に密かに忠明の道場を訪ね

「我が家の流儀の善悪利害を教えていただきたい」

と願ったところ、忠明は喜んでその術を授けた。十兵衛も与三もそれから技が初めて精妙の域に達することができたという。また、十兵衛が忠明の相手をしたときの心持ちを後に

「自分は忠明に向かっていろいろと目付をしたが、形はあるがどうしても目付はつけられなかった」

と語った。■

如何だろうか？

小野忠明の夢想剣が、当代きっての剣の達人と謳われた柳生宗矩と柳生十兵衛以下、柳生新陰流の高弟を完全に圧倒してしまうほどのものだったことから、文字どおり無敵であったことがうかがえる。さらには、十兵衛が頭を下げて教えを乞うたのもさすがだが、それに対して喜んで自流の奥義である夢想剣を授けてしまう忠明の態度にも素晴らしいものがある。そのことからはまた、十兵衛ほどの名人となれば夢想剣を修得するのには一度教えを受けるだけで充分だということもわかる。

つまり、一刀流の剣術奥義は新たな身体の使い方や太刀の運用などについての熟練を要求するようなものではないということだ。でなければ、それを一度聞いただけや一度体験しただけで身につけることはできないはず。これはまた、小野忠明自身が夢想剣を伊藤一刀斎から授かったときの状況とも呼応する。

身体運動における妙技を身につけるためには、現代スポーツの場面でよく見られるように一定の期

間にわたって連日コーチによる適切な指導と評価を受けながら運動を繰り返す必要がある。それは、いくら頭で理解してもその時点での骨格筋など実際に働く身体組織では頭で理解したとおりの最適動作を行うことはできないため、時間をかけて身体組織とそれを制御する神経組織を作り変えていかなければならないからだ。筋肉と神経の質を変えるには一ヶ月単位の適切なトレーニングメニューを必要とするのだ。プロスポーツ選手の年間試合スケジュールを簡単には変更できないことの理由は、まさにここにある。

したがって、小野忠明が短時間で柳生十兵衛に伝えたことから考えれば、当然ながら夢想剣は身体運動における妙技によって実現されるものではないと推し量ることができる。では、時間をかけずに身につく妙技というものがあるなら、それは如何なる範疇のものになるのだろうか?

人間の身体の中でわずか一日、いや一瞬の理解で完全に機能が変わることが可能な組織といえば、それは脳しかない。何か衝撃的な場面に出くわした場合、その詳細は一瞬にして脳に記憶されるだけでなく、それによって脳自体の機能までもが大きく変化してしまうといった報告は珍しくない。最近では、それまで学校の授業で下手な絵しか描いたことがなかったごく普通のサラリーマンが、自動車に衝突された衝撃で一瞬気を失ってからは、どういうわけか多くの人を引きつけてやまない素晴らしい絵を描き始め世界的な画家として知られるようになったという事例もある。

ということは、小野忠明の夢想剣を実現するものは脳組織によって生み出される何らかの機能だと考えることが、可能性としては最も高いものとなるはず。小野忠明から一度夢想剣を教わっただけの柳生十兵衛がその後天下無敵の名声を得たことや、かつて伊藤一刀斎から夢想剣の妙術を授かった小野忠明自身がその直後に自分よりも技においても気力においても優っていた兄弟子善鬼を倒すことができたというのは、夢想剣を操ることができるかできないかの差違が脳の機能変化においてのみ現れてくるのではないかという推察を裏づける事実となっているのだ。

脳の機能変化を科学的に捉えることで、人間の精神作用がからんだ様々な物理的現象を論じるのが現代における精神物理学であるならば、一刀流の剣術奥義である夢想剣の正体を明らかにしていくこともまた精神物理学における格好の研究材料となるはず。

実際のところ、現代にまで伝え残されている一刀流の秘伝の中には、一見不可思議極まりない表現が見られる。一般にはあたりまえすぎて馬鹿にしているのではないかとさえ思えるようにしか映らないものだ。つまり、一刀流の極意には単に「太刀を振りかぶり、ただ振り下ろすだけ」とあるのだ。こんな極意など今さら何の役にも立たないとしか思えなかった高弟が、ではいつ太刀を振り下ろせばよいのかと問うのに対し、師は

「太刀を振りかぶり、相手の後ろ姿を捉えたときにそのまま振り下ろせば必ず相手を斬ることができる」

と、まさに禅問答のような答に終始するのみ。

だが、これを禅問答と考えたり、あるいは何らかのたとえ話と捉えたりしていたのでは、いつまで経っても剣術奥義を修めることもできないし、ましてや武道と精神物理学の間の深いつながりを理解することさえできはしない。こちらに向かって太刀を構えてじりじりと間合いをつめてくる相手は、決して後を見せることはない。したがって、いくら待ってみたところで、打ち込む隙を狙っている相手の後ろ姿を見ることができるわけはないのだ。にもかかわらず、「相手の後ろ姿を捉えたときに太刀を振り下ろせば必ず相手を倒すことができる」と断言している。しかも、極意として！

ならば、それは真実を伝えているはず。そう、顔をこちらに向けて相対している相手と正面から向き合っていても、相手の後ろ姿を見ることはできるのだ。必ずや！

だが、こちらに正面しか向けていない相手と対面しているとき、いったいどうすれば相手の後ろ姿を捉えることができるのだろうか？

いや、実は極意はそれにとどまらない。刃を向けて対面している相手の後ろ姿だけではなく、それこそ八方から見た相手の姿を捉えることができる瞬間さえ巡ってくるというのだ。これはいくつかの流派において、形骸化されてはいるが「八方目」とか「八方分身」などと呼ばれる秘伝として伝えられている。残念ながら、現在伝えられている内容は「自分の目で自分の周囲をくまなく見ること」とか「自分を八方向から取り囲んでくる相手を捌く」など、あくまで自分を中心とした周囲八方向への目付だと曲解されたものとなっているのだが。

真に伝えられた内容は、それぞれ「相手を相手自身を囲む八方向から見ること」や「自分の分身を相手を中心とする八方向に置くこと」に他ならない。

しかし、道場の壁が鏡張りにでもなっていない限り、そんなことは不可能。誰しもが、そう断言するに違いない。はたして、真実はどうなのだろうか？

ベルクソンのイマージュ

ニュートンやヘルムホルツといった高名な物理学者だけでなく、他にも多くの著名な科学者や哲学者が密かに精神物理学を研究していたことが知られている。その中にはフェヒナーのように精神物理学を学問として確立するために表舞台に登場した人もいれば、終生精神物理学にかかわっていることを伏せていた人も多い。時間について深い思索を続け相対性理論を提唱した物理学者アルベルト・アインシュタインに対し、時間概念の根本を正し続けたことで知れ渡っているフランスの哲学者アンリ・ベルクソンは、ちょうど前者と後者の中間に位置する。

ベルクソン自身が直接的に精神物理学に言及したことはないようだが、ベルクソンの哲学自体が実は精神物理学の基礎を与えるほどに根本的な科学的認識論の様相を呈していたのは事実だ。特に、外界認識の場面における人間の一見高度とされる精神作用による認識と、最も原始的な単細胞生物の外界認識との間に大きな差違はないということを見事な論旨で納得させた点は、精神物理学や脳科学においてももっと評価されるべきものだ。

ベルクソンによれば、我々が主に視覚や触覚で認識している外界に存在する様々な物体について、我々は決してそのありのままの姿を認識できているわけではない。我々の精緻な視覚認識をもってすれば、可視光線についての網膜受容体分解能の範囲で様々な物体の姿をそのまま見ることができているはずだと考えるのは、盲信にすぎないのだ。いくつかの例を挙げておこう。

アンリ・ベルクソン

初期の精神物理学や心理学で指摘されてきたように、実際には可視光線の連続スペクトルを見ていながら、我々は虹を七色や八色だと認識する。しかし、これは日常的に七色や八色のカラフルな自然背景や人工塗装を目にする高度な文明生活を営んでいる民族に特徴的なことであり、砂漠やジャングルなどの単調な色彩しか存在しない環境で原始的な生活を続けてきた未開民族において、虹は三色程度にしか認識できない。我が国においても、やはり同じ理由により一般の国民の多くが虹が七色だと認識できるようになったのは、庶民文化が勃興する江戸時代以降のことであり、それ以前は緑色も青色も共に「青」であり、茶色も赤色も「朱」としか見られていなかった。

また、フランスの文化人類学者がマダガスカル近海の島の原住民の集落に入り込んで調査していたとき、たまたま水平線の手前に戦艦の姿を見つけたので原住民達に沖を指差して知らせたそうだ。ところが、誰一人として戦艦が沖を航海していることがわからなかったので、最初は沖に見えているも

イマージュ

のが巨大な船だとは認識できないのだと考え、動く島だとか様々な表現を使って教え込もうとしたという。結局すべての努力は徒労に終わり、最後に気づいたことは原住民の眼には何かが水平線の手前にあるとは映っていなかった、即ち海と空しか見えていなかったということだった。原住民の視力は文化人類学者のそれを圧倒的に上回っていたにもかかわらず！

専門は文化人類学だったのだが、その後この不可思議な現象について考えを巡らせた結果、その学者は人間の視覚認識についての驚くべき新事実を発見することになる。それは、フランス人の学者ならば誰でも一度は読んだことのある、ベルクソン哲学の基盤となる外界認識についての考察に基づいたものだ。つまり、原住民はこれまで一度も戦艦を見たことも触ったこともなかったために、たとえその物体としての姿が原住民の網膜に像として映り込んだ結果の視覚刺激が脳の視覚野に送り込まれていたにもかかわらず、原住民の脳にはその視覚刺激を認識させるための素材であるイマージュ（「心像」と訳されることもある）が形成されていなかったために視覚刺激が無視されてしまった。そのため、原住民は戦艦と呼ばれる異形の船を認識することができず、眼には空と海のみが見えているとしか認識していなかったのだ。

　自分が何とか辿り着くことができたこの考えの正しさを確認するため、その文化人類学者はパリの同僚に手紙を書き、フランス海軍の協力を得て大がかりな実験をすることになった。何と、戦艦の側壁に巨大なバナナの絵を描いて、その島の沖を再び航海させるというもの。予定どおりの日時にバナナを描いた軍艦が沖合に姿を見せたとき、文化人類学者は黙って成りゆきを見守っていた。すると、どうだ。先回は軍艦を見ることさえできていなかった原住民達が、一人また一人と海にバナナが浮かんでいると叫び我先に沖に向かって泳ぎ始めた。戦艦ははるか沖の彼方を巡航しているので原住民達がとうてい泳ぎ着くことはできない相談なのだが、原住民の目にはバナナが海に浮かんでいるとしか映っていないわけで、それがあの程度の大きさに見えるということはほんの一泳ぎの距離に浮いていると理解して取りに行ったに違いない。

　その光景を見守っていた文化人類学者は自分の仮説の正しさを確信したのだったが、人間はベルクソン哲学におけるイマージュ認識でしか外界を認識し得ないという事実を視覚認識について裏づけることができた瞬間でもあった。即ち、我々が物体を視覚によって認識するとき、その物体の物理的映像をそのまま認識しているのではなく、イマージュ、即ち既に素描として認識できる最小単位によって置き換えて認識しているにすぎないことが実験的に確かめられたのだ。

　沖を進む戦艦のような物体の物理的映像は原住民のイマージュの中には存在せず、それをイマージュで置き換えることができないために認識することができなかったと考えられるわけだから。そして、同じ戦艦にバナナの絵を描いたものについては、原住民のイマージュの中にバナナのイマージュが存在していたため、バナナの絵を描いた戦艦の物理的映像はバナナのイマージュによって置き換えられて認識されたと理解できる。つまり、原住民の認識にとってそれは本物のバナナそのものだったのだ。

ただ、この文化人類学者の話には異論をはさむ向きも多いかもしれない。原住民の認識を直接に読み取る方法がない以上、すべては状況証拠で組み上げた推論の域を超えるものではないと指摘されればそれまでなのだから。とはいえ、これに似た話はもっと昔の時代にもあったようだし、我が国にもあったようだ。

それは、一五二〇年にマゼランの大型帆船が南米のフエゴ島に停泊したときのことだ。それまで小さな丸木船しか見たことがなかった島民にはマゼランが乗ってきた帆船の姿が映らず、どのようにして島にたどり着いたのか理解できなかったという記録が残っていたという。

また、江戸幕府末期の一八五三年にアメリカ合衆国海軍の蒸気戦艦が浦賀沖に四隻姿を現したとき、当時の日本人の中には他の人々が指差す沖合に異形の蒸気船の姿をどうしても見ることができなかった人々も少なくなかったという記録がある。マダガスカル沖の島の原住民と同じで、それまで蒸気船はおろか外洋を走る大型帆船の姿すら見たことのなかった一般庶民のイマージュの中には、蒸気船のイマージュや帆船のイマージュなどはなかったからに違いない。

しかしながら、幸いにも近年における脳科学研究の進歩、特に視覚機構についての実験的研究の進歩については著しいものがあり、その中にはベルクソンのイマージュ認識の正しさを科学的に裏づけたものも少なくない。ここでは、有名なひとつの例だけを取り上げておこう。

最先端技術で初めて可能となった角膜移植による視力回復手術が、生まれてまもなく視力を失って五十年以上になる男性患者に対して行われることを知ったイギリスの脳科学者は、患者本人や主治医の許可を得て視力回復直後からの視覚認識の形成過程を詳細に観察することにした。通常はそのような視覚認識形成は誕生後の乳児期に行われるため、その内的変化を誰も憶えていないし周囲の大人に語って聞かせることもできない。したがって、人間が視覚認識を勝ち取るプロセスがどのようなものなのかを明らかにする手がかりさえも得られていなかった。ところが、成人になってからの人が初めて視覚によって周囲の物体を認識することができるようになるのであれば、そのとき如何なる内的変化を伴うのかを本人が詳細に語ってくれることができる。

脳科学者は期待と共に手術後の患者の動向を見守った。全盲の状態で成長してきたため、その患者の外界認識、特に様々な物体の形状認識は主に触覚で培われてきていたという。そして、日常的に触れることができていたものについては、それがたとえ車ほどの大きさであっても形体を正しく捉えることができていたため、視覚を得て初めて目にした物体についてでも問題なく見ることができ特定することができた。つまり触覚認識によって生まれていた物体のイマージュを、初めての視覚認識の場面においても使用することができたと考えられる。

ここで、脳科学者は患者に問う。これまでの人生の中で会話やラジオなどの音声情報でその存在を聞いたことはあっても一度も触ったことのなかったものの中で、一番見てみたいと思うものは何かと。その患者が答えたものは、工場で機械部品を加工するときに使う「旋盤」という工作機械装置だった。確かに、目の不自由な人が手で触れて認識することが難しい物体ではある。

そこで、旋盤を展示してある場所に患者を連れていき、旋盤を初めて目にする瞬間を明確にするために直前から目を瞑っていた患者が、眼前にあるのがお目当ての旋盤だと聞いて瞼を開けたとき、本人にも周囲の人々にも大きな戸惑いが走った。それもそのはずで、周囲の人達が目の前にあるのが旋盤だと教えてくれているにもかかわらず、そこには何もなかったのだから。そして、旋盤という機械を見るという長年の夢がかなったはずの患者が、何の感動も興味も示さずボンヤリと前方の床を見ているだけなのだから。

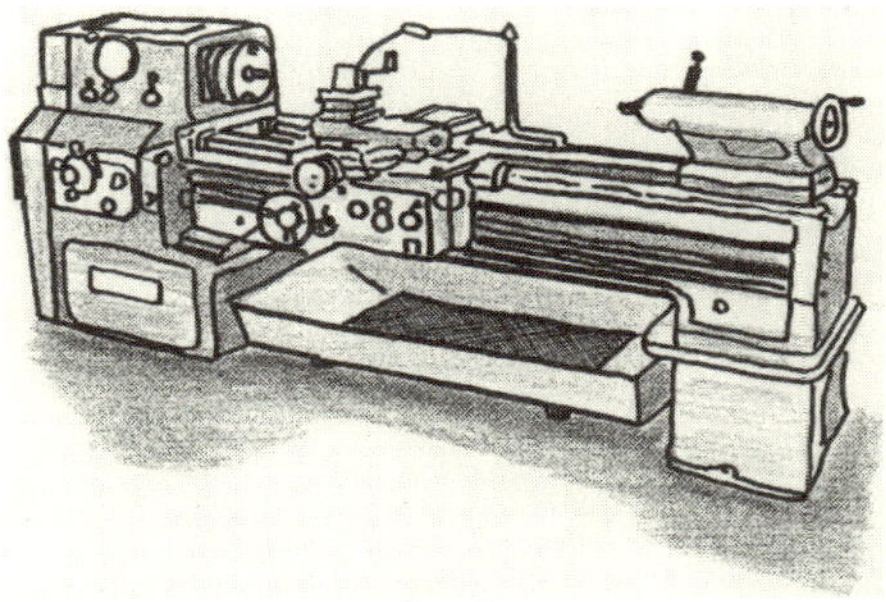
旋　盤

何が起こっているのかを明らかにしたいと思った脳科学者が患者から聞いたところ、患者には旋盤がまったく見えていないということが判明する。その原因が患者の中で旋盤のイマージュが形成されていないことにあるのではないかと考えた脳科学者は、再び目を閉じて勝ち得たばかりの視覚を封じ込めた上で、これまでの長年の全盲生活でそうしてきたように、初めての物体である旋盤を両手で思う存分に触ってみるように患者を促した。大いなる感動と共に念願の旋盤を触覚で認識できた患者を、まだ目を瞑ったままで先程のように旋盤全体を正面に見渡せる位置まで連れてきて、脳科学者は前を見るように指示する……。

すると、どうだ。ついさっきまではまったく見えていなかった旋盤が、眼前にありありとその複雑な姿を現したという。そう、我々はありのままを見ているわけでは、決してないのだ。ベルクソンの認識論哲学でいうイマージュを見ているにすぎず、したがってイマージュがまだ形成されていないものについては見ることはできない。

ここで一刀流の極意に戻ろう。

顔をこちらに向けて相対している相手と正面から向き合っているとき、相手の後ろ姿を見ることができる瞬間を待って太刀を振り下ろすという、一見無茶苦茶な印象を与える口伝だ。相手の正面を見ている状況でいくら待ってみたところで、その後ろ姿が見えるようになるとは思えないし、見えるのは相手の正面だけに決まっている……。だが、本当にそうなのだろうか。ひょっとすると単に我々がそう思い込んでいるだけなのではないだろうか?

先程ご紹介したベルクソンの哲学に端を発した視覚認識についての脳科学からの研究によれば、我々は周囲の物質をそのまま認識しているのではなくベルクソンのいうイマージュを認識しているにすぎない。ということは、互いに正面から向き合っている相手の姿だと認識しているものは、単に自分が作り上げた相手のイマージュと呼ばれる精神的実体ということになる。そこから引き出される可能性としては、見ている相手の姿が精神的実体にすぎないのであれば、それは自分自身の内面である精神状態が変わることによって異なるものに変容することもあり得るということだ。
即ち、一刀流の極意は次のように解釈されるべきなのではないだろうか？
「太刀を振りかぶり、己の精神的内面を相手の立ち姿にその後ろ姿が重なって見えるような状態にすることができたときに振り下ろせば、必ず相手を斬ることができる」

相手の後ろ姿が見えたところで、別に相手が飛び道具を背中に隠し持っていることが判明するなどのことがない限りは、そのこと自体が相手を斬り倒すことに有利に働くとは考えられない。したがって、「正面を向いている相手の後ろ姿を捉えたときに太刀を振り下ろせば必ず相手を倒すことができる」という主張は、たとえ本当に相手の後ろ姿を見ることができるとしても、それだけで必ず相手を倒すことができることにはつながらないという反論を呼んでしまう。

だが、それを「正面を向いている相手の後ろ姿をも捉えることができるような精神的内面となれば、そのときに太刀を振り下ろすことで必ず相手を倒すことができる」と読み替えるならば、反論や疑問は急減するに違いない。自分自身の精神状態の操作によって剣を交えて闘う場面における勝敗、即ち生死の行方が定まるという考えは、剣術修行の中に禅定（瞑想）までもが取り入れられてきた我が国における武道の発展史の中で広く認められているのだから。

では、こちらを向いて相対している相手の後ろ姿を見ることができる、つまり相手の姿のイマージュが後ろ姿のイマージュに重なるような精神的内面とは如何なるもので、またどのようにすればそのような精神状態に至ることができるのだろうか？

これまでの考察の範囲からだけでも、この問いかけに対する答を得ることができたなら小野忠明が伊藤一刀斎から授けられた夢想剣を実際に操るための大きな一歩を踏み出すことになることが容易に想像できる。そして、問いかけ自体が脳の精神的操作とその働きに関するものであることから、答を見出すために必要となるものが精神物理学や脳科学であることに疑いを差し挟む余地はないだろう。

柳生十兵衛とガンツフェルト

一刀流の開祖である伊藤一刀斎が小野忠明に伝えた夢想剣。それが如何なる剣技であったのかを現象として伝える逸話は多いのだが、ではその夢想剣を操るための技法はどのようなものだったのかというと、残念ながら現在では完全に失伝してしまっていると見られているために定かではない。

幸いなことに、語り継がれているいくつかの一刀流極意の中にある

「太刀を振りかぶり、相手の後ろ姿を捉えたときにそのまま振り下ろせば必ず相手を斬ることができる」

という口伝を新たに

「太刀を振りかぶり、己の精神的内面を相手の立ち姿にその後ろ姿が重なって見えるような状態に

することができたときに振り下ろせば、必ず相手を斬ることができる」と解釈することにより、夢想剣を実現するためには自分の精神的内面の操作が必要となることが推察された。そして、そのような内面操作が相手や自分に及ぼす実際的な効果については、精神物理学と脳科学による研究が必要となることも明らかとなった。

夢想剣の秘技に精神物理学から迫ろうとするとき、真っ先に浮かんでくるものは「夢想剣」が何故に「夢想剣」と呼ばれているのかという疑問だ。名は体を表すというが、「夢想剣」をそのまま素直に解釈すれば「夢想する状態での剣法」となる。つまり、夢見心地で太刀を振る剣技といえる。そして夢見心地といえば、確かに精神的内面を表現するものとなっており、夢を見ているときの精神状態（夢見状態という）ということになる。むろん、眠っているわけではないので、この場合の夢は睡眠状態での夢とは違う白昼夢のような意識状態での夢と考えなければならないのだが、そのような夢を見ることが可能な意識状態は変性意識状態と呼ばれている。

実は、精神物理学においてこれまで精力的に研究されてきたものに、夢見状態と同様な変性意識状態を形成する感覚遮断実験があるのだが、そのひとつの手法にガンツフェルト（ドイツ語で「全体野」の意）がある。特殊なゴーグルを装着したりピンポン球を半分に切って両眼をそれぞれ覆うようにすることで視野の中に随意に焦点を合わせることができない状態になるが、これにより視覚認識についての感覚遮断が実現される。これをガンツフェルトと呼ぶ。このガンツフェルトにより得られる精神的内面は夢見状態に近いと考えられ、一九三〇年代からドイツやオーストリアにおいて精神物理学の代表的な実験研究手法として盛んに行われていたようだ。

武道流派に伝わる「八方目」と呼ばれる目付の極意は現在では「自分の目で自分の周囲をくまなく見ること」と曲解されてしまっているが、その真意が「視野の中のどこにも焦点を合わせないこと」にあったと考えられる口伝も残ってはいる。つまり、ガンツフェルトと同じ状況を自分自身で作り出すことによって、精神的内面を夢見状態を再現する変性意識状態にもっていくことが重要視されていたのだ。視野のどこにも焦点の合っていない虚ろな眼は、命をかけた斬り合いに望んでいる人間の目付としては一見まったく相応しくないように思える。相手の動きや表情だけでなく、太刀筋や周囲の障害物等までもが明確に見えるよう、まさに射抜くような鋭い視線を投げかけるのが相応しいのだから。

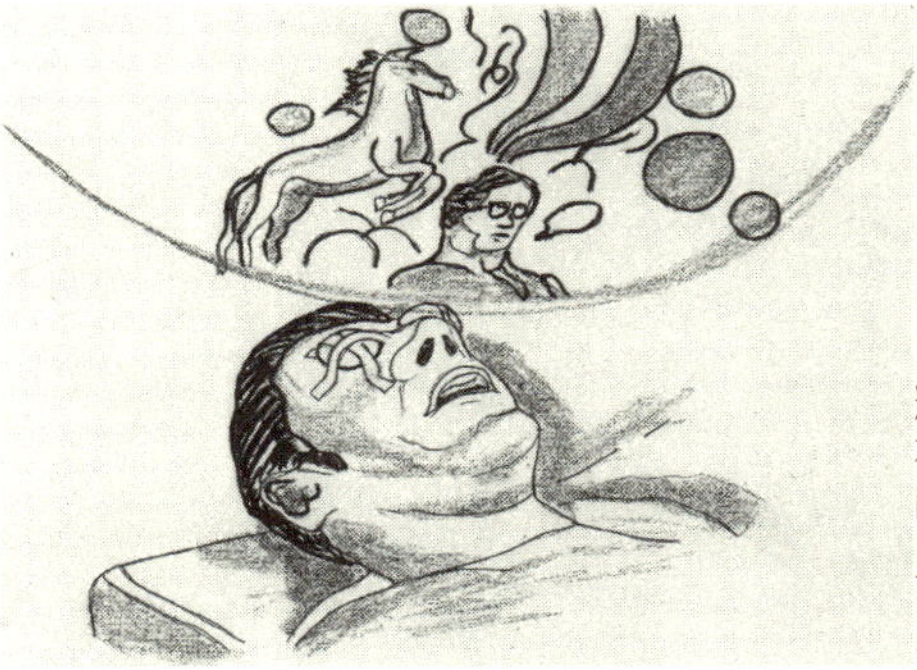

ガンツフェルト

だが、相手を射抜くように注意深く見ている限り、こちらに正面を向けている相手の後ろ姿が見える可能性はゼロのままだ。だが、焦点の定まらない虚ろな眼で見ているのであれば、文字どおり相手の立ち姿の詳細など眼中にないことになる。そのような状態ならば、相手の立ち姿が正面から見た形になっているのか、背後から見た後ろ姿の形になっているのかはっきりしないはずだ。

つまり、相手の立ち姿にその後ろ姿が重なって見えるような状態になっていると考えられないこともないわけだし、もとより夢見状態のような変性意識状態になっているとすればむしろ後ろ姿に映る一瞬があるのかもしれない。

これは武道に関する話ではないが、長時間の緊張と視界を遮られたままの単独飛行によってまさにそのような変性意識状態に追い込まれたと思われる過酷な大西洋単独無着陸横断飛行時において、チャールズ・リンドバーグは自分自身の視界に限界がなくあらゆる場所を一度に見ることができ、すべてを知ることができたという印象を語っている。そして、視界が閉ざされた愛機スピリット・オブ・セントルイスの中にいながら、悪天候と疲労に襲われていたパイロットがあらゆる場所を見ることができるというのは、命をかけて相手と対峙する剣士の目にこちらを向いていているはずの相手の後ろ姿が映るという状況に共通したガンツフェルト的な精神状態が実現されているからではないだろうか？

スピリット・オブ・セントルイス

夢想剣の秘技を実現するのに必要とされる技法のひとつがガンツフェルト、即ち視野のどこにも焦点を合わさない虚ろな視覚認識ではないかと推察することができたわけだが、これを裏づけるのが柳生十兵衛にまつわる逸話だ。既に述べたように、柳生十兵衛三厳は小野忠明から短時間のうちに夢想剣の極意を授けられた。つまり、その後は父である柳生但馬守よりも強い実力者の剣豪として名を轟かせることになる十兵衛は、小野忠明から本当に夢想剣を学ぶことができたことで天下無敵の柳生家嫡男と謳われるに相応しい器量を身につけたことになる。

柳生十兵衛は柳生門下の村田与三と共に小野忠明の道場を訪ね、したがって十兵衛も与三も夢想剣を授かったのだが、その後の剣技の上達ぶりは十兵衛に軍配が上がったようだ。柳生十兵衛についての武勇伝は多く残されていても、村田与三についてはは知られていないからだが、むろん柳生家嫡男と一介の門人では扱いが違うと考えられなくはない。しかし、生死を懸ける真剣勝負が認められていた当時の剣術の世界では、血筋や家系よりも実力で名を上げることが求められていたわけだから、門下の村田与三にハンディーがあったとは思えない。

ということは、小野忠明から等しく夢想剣の極意を授けられた二人だったが、その秘技を自分自身で操ることに関しては柳生十兵衛が村田与三よりもずっと長けていたことになる。また、夢想剣を実現するための必要条件的な技法のひとつが「視野のどこにも焦点を合わさない虚ろな視覚認識」だとすれば、十兵衛は少なくともこの点に関して村田与三よりも秀でていたことになる。

ここに、柳生十兵衛の剣術研究を精力的に続ける剣道家、村山尚雄師から教示いただいた重要な事実がある。十兵衛が隻眼だったことは広く知られるところだし、その原因が子どもの頃に父である柳生但馬守との容赦ないほどに厳しい剣術稽古にあったとも聞くことが多い。むろん、残された当時の肖像画が独眼流の姿ではなかったために隻眼ではなかったと主張する向きもあるが、完全な失明ではなく極度の弱視となっていたので眼帯はしていなかったと解釈することもできる。

だが、新たに村山師からうかがったところによると、父親が容赦なく打ち込んできた木剣を両眼に幾度も受けた十兵衛は、実は両方の眼を傷めてしまいその後目を開けていてもその視野は常に霞んだ状態でしかなかったという！ そしてまた、普通に考えれば武芸者にとって大きなハンディーになると思われる不完全な視覚認識しか持ち得ていなかったことが、逆に柳生十兵衛の強さを類い希なところにまで高めるのに役立ったのだとまでも……。

なるほど、そうなれば小野忠明から夢想剣の秘伝を授かったときの十兵衛は、何も努力しなくてもガンツフェルトのように視覚についての感覚遮断ができていたことになる。だからこそ、すぐに夢想剣を使いこなすことができ、天下一の剣術使いの名に恥じぬ実力者となったのではないだろうか。それに比べ、同時に同じ秘技を教わった村田与三は正常な視力を持っていたため、せっかく授かった夢想剣を操るための必要条件のひとつであった「視野のどこにも焦点の合っていない虚ろな眼」に至ることが難しく、結果として完全には秘技を使いこなすところまでにはなっていなかった……。そのために、その後剣豪として認められることはなかった。

柳生十兵衛が小野忠明から極めて短期間のうちに夢想剣を正確に継承することができた背景には、まず夢想剣そのものの技法の中にガンツフェルトの如く視野のどこにも焦点の合っていない虚ろな眼をすることにより、相手の後ろ姿をも捉えることができる精神的内面を作り上げるという内面操作が入っていたことと、十兵衛自身が既に両眼を傷めていたおかげで常時ガンツフェルトが実現されていた特殊な視覚認識を持ち合わせていたことがある。柳生十兵衛の剣術に精通した剣道家の指摘により、伊藤一刀斎から小野忠明へと伝承された一刀流の秘技「夢想剣」が、徐々にその姿を明らかにしてきたのだ。

それだけでは、ない。時を同じくして、灘高の物理教師で武道経験豊かな浜口隆之氏から教示いただいたところによると、剣道の居合術における基本の中に「遠山《えんざん》の目付」があり、それは居合抜きにおいてははるか彼方の山々を眺めるような虚ろな視覚認識にしておくことが重要だと伝えられているものだ。

また、浜口氏が大阪で師事していた中国拳法の師範は、夜の公園で稽古をするときにストッキングを短く切ったもので両目を覆うように巻きつけ、おぼろげな視野があるにはあるがどこにも焦点を合わせることができない状況で拳法の自由組手をしていたそうだ。このストッキングを利用した視覚認識を阻害させる手法は、まさにガンツフェルト実験で使われる網目がかけられた特殊なゴーグルと同じで、夢見状態のような変性意識状態を生み出す効果がある。

ということは、現代に継承された多くの武道の中にも、こうして特殊な精神的内面を利用する極意技法が失伝することなく残っている場合があるのだ。むろん、そのような極意は秘伝扱いとなっていてその武道流派以外の人間には存在すら教えられないのが常だろうが、様々な武道において古来から密かに伝えられてきた精神的内面状態を操作する極意技法に、精神物理学の枠組から科学的解析を進めておくことは、長年隠されてきた人間存在の根底に触れるような人類の文化的遺産の存在に光をあてることになるはず。その意味でも、本書が契機となって武道の極意技法を精神物理学の観点から研究する動きが生まれることを望んでやまない。

自分はどこにいるのか

視覚についての感覚遮断で得られるガンツフェルトから精神的内面に夢見状態のような変性意識状態が生じることは、一九三〇年代のドイツやオーストリアにおける精神物理学における実験研究で確認されてから、一九八〇年代のアメリカにおけるチャールズ・ホノートンによるテレパシー研究によって積極的に利用されるようになるまで、それほど重要視されてはいなかった。ハンス・ベルガーが脳波計を発明した直後の一九三〇年代のドイツにおける精神物理学は、ベルガー自身が脳波とテレパシーの関係を研究していたことからもわかるように、テレパシーや透視などの超能力も脳機能の現れとして捉えていた。その流れは、西海岸を中心とした対抗文化運動（いわゆる「カウンター・カルチャー・ムーブメント」）以降にアメリカにおける脳科学と精神物理学に引き継がれていく。

ハンス・ベルガー

その後の精神物理学研究の現場は、様々なコンピューター断層撮影法（コンピュータートモグラフィー、いわゆるCT）の開発によって大きく様変わりしてくる。脳組織の活性分布を撮影することができる単光子放出コンピューター断層撮影法（SPECT）や機能的磁気共鳴画像法（fMRI）、さらには陽電子放出コンピューター断層撮影法（PET）や近赤外光脳計測装置（いわゆる光トポグラフィー）の出現により、脳の中のどの部位が活性化あるいは不活性化されるかを突き止めることができるようになったためだ。

中でも、アンドリュー・ニューバーグとユージーン・ダギリが単光子放出コンピューター断層撮影法を用いて深い瞑想状態の宗教家の脳活性を計測した研究が、あらゆる場所を一度に見ることができすべてを知ることができるという、ある意味で「神につながった」と感じる変性意識状態をもたらす脳の作用機序解明の草分けとなったことは広く認められている。

そこで見出されたことは、深い瞑想によって神との結びつきを感じ、生きとし生けるものすべてと一体化したと感じる宗教家の脳において、特に周囲の他者と自分を区別する感覚情報、つまり自己と非自己との間を分け隔てる境の存在を知らせる神経信号を脳の様々な部位に絶えず伝えている部分が不活性となることだ。それは頭頂葉の上後部に位置する神経束であり、通常は自分自身の物質的な限界点についての情報を脳に送り出し続けている。自分がどこにいるのかを、絶えず脳に知らせているといってよい。その部位が不活性となって機能が滞ったならば、その瞬間から脳は周りの世界との境界や他者との区別をまったく感じなくなり、宇宙の中のすべてのものとつながった一体感を感じる。

脳における同じ現象が宗教家でなく、たとえばリンドバーグのような冒険心溢れた飛行家に訪れたとすれば、自分自身の視界に限界がなくあらゆる場所を一度に見てすべてを知ることができるという精神的内面が得られたはずだろう。そして、それが互いに刃を向け合っている剣士の一方に訪れたとしたならば、正面を向いているはずの相手の後ろ姿を見ることさえできる精神状態となるに違いない。だが、生死をかけて闘っている剣士が瞑想中の宗教家と同じ内面操作によって、頭頂葉の上後部に位置する神経束の働きを阻害することができるとは考えにくい。あるいは日頃からの厳しい禅定修養によってそれが可能になっていたとしても、何かのきっかけで再活性化することもあるに違いないため、そのような精神的内面は盤石なものではないはず。そうすると、剣術の極意を出し切った勝敗も時の運に支配されてしまうことになり、とても剣術の秘技などと謳うことはできない。極意として授けられる技法であるならば、いつ如何なるときにも相手に打ち勝つ絶対的なものでなければならないのだから。

そこで、こう考えてみよう。たとえ瞑想が不充分で自分自身の物質的な限界点についての情報を脳に送り出し続けている神経束自体の活性が衰えていなくとも、何らかの理由によってもし自己と非自己の境界を認識する感覚情報自身が途絶える、あるいは不完全な形で入ってくるのであれば、やはり自分がどこにいるのかを絶えず正しく脳に知らせている機能が働かないのと同じ結果となるはず。すると、やはりその瞬間から脳は周りの世界との境界や他者との区別をまったく感じなくなり、正面を向けて太刀を構えている相手の後ろ姿でさえ見ることができるのではないか。

そして、自己と非自己の境界を認識する感覚情報の主要なものが視覚によって与えられることを考慮すると、視野のどこにも焦点の合っていない虚ろな眼をすることによってそのような感覚情報を途絶えさせていたのではないかとさえ考えられるようになる。

こうして、伊藤一刀斎から小野忠明へと受け継がれた一刀流の秘技「夢想剣」の極意の中に、精神物理学における脳機能と精神作用機序についての現代脳科学に基づいた最先端の研究成果につながるものがあるのではないかという確信をより強くする結果となった。

極意の記述

これまでのところ

「太刀を振りかぶり、相手の後ろ姿を捉えたときにそのまま振り下ろせば必ず相手を斬ることができる」

という一刀流極意の口伝を

「太刀を振りかぶり、己の精神的内面を相手の立ち姿にその後ろ姿が重なって見えるような状態にすることができたときに振り下ろせば、必ず相手を斬ることができる」

あるいは

「正面を向いている相手の後ろ姿をも捉えることができるような精神的内面となれば、そのときに太刀を振り下ろすことで必ず相手を倒すことができる」

と解釈することを試みてきたのだが、その背景には

「自分の精神的内面の操作によって周りの世界との境界や他者との区別をまったく感じなくなることができれば、正面を向けて太刀を構えている相手の後ろ姿でさえ見ることができる」

という可能性が精神物理学や脳科学の研究によって指摘されてきたという事実があった。

しかしながら、ここまでが明らかとなった時点で、新たな疑問が出てくることになる。それは、そのような状態に精神的内面を持っていくことができたとして、いったい何故そのようなときに太刀を振り下ろすと必ず相手を斬ることができると主張できるのかということ。相手もまた必死で打ち込んでくるなり防御してくるわけだから、こちらから振りかぶった太刀を振り下ろすだけで必ず相手を斬り倒すことができるとはとうてい考えられないからだ。

ここにおいても、精神的内面の変化が刀による斬り合いという人間についての身体的な物理現象の場面を大きく左右するという可能性が言及されているわけだから、そこに精神物理学と脳科学による

解明の糸口を見出すことができるのではないだろうか。まずは、実際に何らか精神的内面が変化したときに太刀を振り下ろすことで必ず相手を倒すことができるという事実があるかどうかを見ていく必要がある。

『日本武術神妙記』には、そのような記述が四ヶ所見られる。まず最初は、一般にもよく知られた内容だが、現代文で引用すると次のようなものになる。

■　ある武士が猿を飼っていたが、竹刀で猿を突くと、飛び上がったり、くぐり入ったりまたは竹刀の先をつかまえたりなどして、なかなか突くことができない。ある日のこと、また猿を突こうとして心構えしているところに急用があって召使いの女がきて「もし」と言いかけられたので、「おい」と返事をしながら突いたところが、何の苦もなく猿を突けたということである。■

一般に広く伝わっているものでは、この武士は塚原卜伝とか千葉周作あるいは山岡鉄舟と読み替えられていることが多いが、突然に声をかけられ返事をしたため武士の精神的内面はそれまでの「眼前の猿を突く」という意識に満たされていた状態から明らかに変化している。そのときに突いたことで、あれほど不可能だと思われた猿が簡単に突かれてしまったわけだから、精神的内面が変化したときに太刀を振り下ろすことで必ず相手を倒すことができるということを裏づける事例と考えてよいだろう。

また、以下の現代文引用部分はこの猿についての話を基にして創作されたものと考えられるが、その表現が巧みで面白い。

■ある樵《きこり》が深い山に入って木を伐っていると、そこへ「さとり」という目がひとつ角がひとつの珍獣がやってきた。樵はこいつは珍しい奴がやってきた、何とかして生け捕ってやりたいものだなと思った。すると、そのさとりが

「お前は心の中で俺を生け捕りたいと思っているな」

と指摘した。樵はそれを聞いて大いに驚き、おかしな奴だと考えていると、さとりがまた

「お前は、俺がお前の心の中を悟ったことを不思議に思っているな」

と言いあてる。樵はますます驚き、心の中で、この化け物め、この斧で打ち殺してやろうかと思ったとたん、さとりに

「お前はその斧で俺を殺したいと思っているな」

と言われてしまった。

ここまで一々自分の思うことを悟られてしまってはどうにもならない、もとのように一心に木を伐るにこしたことはないと仕事にとりかかると、さとりはまた

「お前、もはやどうにも仕方ないので仕事に戻ったな」

と指摘する。樵がもう相手にならず一心に木を伐っていると、その斧が自然に飛び抜けてさとりの頭

を打ち砕き、さしもの珍獣も二言もなく死んでしまった。

この話は剣術のたとえによく出てくる。心に物あるときは残らず悟られてしまうが、無念無想のときばかりは如何なるさとりも予知することも予防することもできないというものだ。剣の妙所もそのあたりにあるとたとえられることが多い。

これらふたつの記述は猿や架空の珍獣相手のものであるが、『日本武術神妙記』には人間相手の記述もふたつある。そのうちのひとつは名前を伏せ、ある一刀流の達人についての体験談としてあるが、まずはそれから現代文で引用しておこう。

■

■ ある一刀流の達人に仕えていた召使いの男が、他のお歴々に無礼を働いたため、先方からその召使いを引き渡すように伝えてきた。そこで主人が召し使いを呼んで

「お前があのお方に無礼を働いたために引き渡すように言われたのだ。不憫には思うが、他に方法もないので、お前を引き渡すことにする。先方で手討ちとなる定めであろう。所詮お前の命はないものなのだから、ここで私の刀をお前に与えるので、私を斬って立ち去るがよい。そうでなければ、先方の手討ちになってしまう」

と言われたので、召使いは

「それはそのとおりでしょうが、御主人様、あなた様は天下に名高き剣術の達人、自分のようなも

のにどうなるものではございません」
と辞退した。
ところが、主人は
「いや、私はまだ死に物狂いの者を相手にしたことがない。所詮ない命のお前を試しにしたいのだ。私の相手となって力の限りに働いてみよ」
と言う。そこで召使いが
「さようでしたらお相手になりましょう」
と立ち合って勝負をしたとき、その死に物狂いの烈しい太刀先に主人は思わず後に退いた。そして、ついには塀際まで追いつめられ危なく見えたのだが「エイッ」と一声かけるや、召使いを大袈裟に斬ってしまった。主人は見守っていた弟子に向かって
「さてさて、死に物狂いは手強いものだ。君達もこれからこのような無益なことをしてはいかん。腕に憶えのない召使いでさえこのとおりなのだから、ましてや一流を鍛錬した者などに死に物狂いに動かれてはたまったものではないだろう」
と諭した。
このとき、弟子が
「先生があのように追いつめられたのは、実際に追いつめられたのか、あるいは偽って退かれたのでしょうか」

と尋ねた。師は
「本当に追いつめられた。召使いの太刀先が鋭く、たまりかねて後に下がったのに間違いない」
と答えた。そこで弟子がまた
「それでしたら、あのエイッと斬って捨てられたのは、相手に隙があったからでしょう」
と質問したので、師は言った。
「いやいや、いささかも隙はない。それを斬ってしまったところは、言葉では言えない妙というものの助けである」■

この記述の中で「何らか精神的内面が変化したときに太刀を振り下ろすことで必ず相手を倒すことができる」ことに該当するのは、決して召使いの男の側ではない。ここで主人を殺さなければ自分の命がない状況に追い込まれていた召使いの精神的な内面は、当然ながら刀を握ったときから凶人の如き死に物狂いの状態が最後まで持続したはず。したがって、どの時点かで精神的内面が変化したとは思われない。それに、最終的に相手を斬り倒すことができたのは一刀流の達人だった主人であり、その点からも召使いは倒された側になる。

では、主人が召使いと立ち合いの勝負をつけようとしていたとき、どの時点で内面の状態が変わったのだろうか。記述からすると、それは剣術には素人のはずの召使いが死に物狂いで振ってくる太刀先のあまりの鋭さ故に思わず後に退いていた間は、己の意識で相手の動きを見ることができる内面状態であり、極度に緊迫はしているが自分自身の置かれた状況の危うさを認識できる通常の精神状態の延長でしかなかったように思われる。何故なら、少なくともその間の状況をきちんと把握して、直後に冷静に門人達に語って聞かせているのであるから、記憶や分析といった通常の精神作用が正常に機能していたと考えられるからだ。

ところが、塀際まで追いつめられてしまったとき、結果として「エイッ」という気合もろとも召使いを袈裟斬りに倒してしまった状況については、主人はまったく憶えていないし詳細を想像することさえできないため、弟子達には「言葉では言えない妙というものの助け」と取り繕うしかなかった。一刀流の達人が「言葉では言えない妙」と口にすれば、弟子は確かにそういうものかもしれないと感心するわけだが、言葉で言えないというのは要するに通常の精神状態での記憶や分析がまったくなされていなかったということになる。

即ち、その内面は追いつめられていたときまでの通常の精神状態の延長ではなく、もはや後に退くこともできずこのままでは召使いに斬られてしまうと悟ったことにより得られた極限状態となっていたに違いない。その状態で太刀を袈裟斬りに振った結果、どういうわけかあれほど優勢に追い込んで斬りかかっていた召使いを倒すことができたというのは、まさに「何らか精神的内面が変化したときに太刀を振り下ろすことで必ず相手を倒すことができる」という口伝が具現された場面に他ならない。

『日本武術神妙記』に四ヶ所ある記述の最後は、まさに伊藤一刀斎本人についてのものだが、以下に現代文で引用しておく。

■若き日の伊藤一刀斎は自分を鬼夜叉と呼んでいたが、江戸で中条流の達人鐘巻自斎の門弟となって短期間のうちに頭角を現したが、ついには師である鐘巻自斎をも打ち負かしてしまう妙術を身につけた。驚いた師がその技の由来を尋ねたところ、次のように答えた。
「人には夢を見ながら寝入っている間でも足が痒いときに頭を掻いたりはしない。足が痒ければ足を、頭が痒ければ頭を掻くものでござる。人間には自ずから機能があって害を防ぐようにできている。先生が私を打とうとする心は虚にすぎず、私が防ごうとするのは人間の本能であり、かつ実であります。私の実をもって先生の虚を打つ。これが勝ちを得る所以でございます」

これに感服した鐘巻自斎の勧めもあり、このときより鬼夜叉は伊藤一刀斎景久と名のり、諸国修行に出て一刀流の流祖となった。■

この記述は、単に何らか精神的内面が変化したときに太刀を振り下ろすことで必ず相手を倒すことができるという事実があったということを示しているだけでなく、一刀流の極意「夢想剣」の成り立ちを解明する上での貴重な手がかりを与えてくれている。むろん、一刀斎が「夢想剣」の奥義を見出したのはここに書かれた時点よりもずっと後のことで、鶴岡八幡宮に参籠したときのことと伝えられている。しかしながら、ここでの一刀斎の言葉には、既に後の「夢想剣」につながるような表現が出てきているのは興味深い。

それは、人は眠っている間でも足が痒ければ足を、頭が痒ければ頭を掻くという部分だ。睡眠時には意識は存在せず、したがって覚醒時における通常の精神的な内面も消え去っていて、いわば無意識の状態で身体を操ることになる。そのようなときには、希に夢遊病者のように立ち上がって動き回ることも可能になるようだが、多くの場合は立ち上がることはできず横になったままの姿勢の範囲で動くだけだ。それでも、誰でも自然に頭が痒ければ頭を掻くし、足が痒ければ足先を曲げてでもちゃんと痒い部分を掻く。それが人間に自ずと備わっている害を防ごうという本能に他ならない。

そして、若き日の一刀斎が既に見抜いていた事実は、中条流の達人鐘巻自斎でさえも相手を倒そうとして斬りかかってくるときには覚醒時の通常の精神状態で様々に心を巡らせていて、その結果として動き自体は本来の動きではない「虚」の動きに居着いてしまっているということ。これに対し、一刀斎は睡眠時において働く本能で応じているため、その動きは本来の動きである「実」の動きとなり、当然ながら必ず虚の動きを制して勝ちを得ることができる。

もし本能でなく覚醒時の精神的内面に現れる心のままに応じていたならば、相手が虚の動きに居着いて繰り出してくる太刀筋をあれこれと思い巡らしたあげく、こちらも虚の動きに居着いた状態で受けることになり、これではより修練と経験を積んだ上で持久力と時の運を得た側がたまたま勝つという結果にしかならない。したがって、達人といえども何十回という真剣勝負の場をすべて勝ち抜いて天寿を全うすることは、極めて難しいものとなってしまう。ところが、剣聖と謳われた達人達は年老いてなお、気力や体力に優れた手練《てだ》れ者を見事にあしらった逸話には事欠かない。

ということは、達人として不敗を誇った剣士の多くは、少なくともここで一刀斎が指摘したように眠っているときに働く本能による実の動きで相手に応じていたと考えることができる。即ち、覚醒時の精神的内面を何らかの方法で睡眠時の精神的内面にもっていくことができれば、そのとき太刀を振り下ろすだけで相手を斬り倒すことができるという事実に気づいていたと思われるのだ。

剣術極意と本能

以上が、『日本武術神妙記』に見出される「何らか精神的内面が変化したときに太刀を振り下ろすことで必ず相手を倒すことができる」という記述の概要だが、さらにそこに共通しているのは変化した先の精神的内面で具現されるものが、通常は覚醒時には出てこない本能的な動きだということ。この第二の共通点について着目するならば、その他の剣術流派伝書などにも多数見られることがわかる。

まず柳生新陰流の『兵法家伝書』では精神的な内面を心と呼び、その心に本心と妄心という二種類のものがあると記している。そこでは、本心とは人が生まれるときから備わっている素直な心のことで道心ともいい、妄心とは人が生きていくうちに湧き出てくる曲がって汚れた心のことで人心ともいうとある。妄心については、さらにそれが血肉によって生み出されてしまう血気、即ち業や欲の気持から育つ自我意識のことであると指摘している。その上で、妄心ではどんなことをしてみてもよこしまな内面となり闘いにも負けてしまい、逆に本心にかなう内面となっていればすべてがうまくいくと結論づけている。

本心というものが生まれるときから人間に備わっている素直な心と捉えられていることから、それが現代の用語では本能と置き換えることができるかもしれない。この本心については、たとえば『武道における身体と心』（前林清和著＝日本武道館）の中に見事な解説があるので、以下に引用しておこう。

■人の心は事に当たって揺れ動く。たとえば、「勝ちたい・負けたらどうしよう」、「面を打とう・面を打っていったら小手を打たれるかもしれない」などの気持が同時に、あるいは交互に湧き起こり、思うようにいかなくなる。また、迷いの中で「こうしよう」と決断して動いても、相手も同じように考えながら動いており、こちらが誤った判断となって後れをとるのはよくあることだ。

それに対して、「本心」とは、自我を超えた普遍的な心性である。この心は自分自身の利益にとらわれておらず、こんこんと湧き出る泉のように心が澄んでおり、このような精神状態になれば、すべての事象をありのままに認識し、正しく対応することができるのである。

なお、もともと本心・妄心は、柳生宗矩に思想的・宗教的に大きな影響を与えた沢庵和尚が著した『不動智神妙録』にみられる表現である。■

本能が生まれるときから人間に備わっている素直な心と理解されるならば、それを最も端的に体現しているのは赤ん坊ということになる。実際、生まれた直後から物心がつくまでの乳幼児は、何を教わったわけでもなく必要なときに必要なだけ母親や乳母の乳首から巧みに母乳を吸い込むという「離れ業」をやってのけるのだが、それは本能として自然に備わったものと考えられる。即ち、妄心のない本心だけの内面を持っているのが赤ん坊ということになれば、柳生新陰流の極意を「赤ん坊になれ」と表現することもそれほど的外れなことではないだろう。

ところが、実際に伝書の中で明確に「赤ん坊になれ」と記した剣術流派が存在する。江戸中期に針ヶ谷夕雲《せきうん》によって興された夕雲流剣術がそれだ。二代目の小出切一雲によって残された伝書『夕雲流剣術書』には、極意は赤ん坊の心となることという記述が各所に出ている。これについて、該当部分を現代文で引用しておく。

■ それぞれが二、三歳のとき、母親に抱かれて母親の乳房をひねって乳を飲む頃には、良知良能という天理、自然にかなった妙用があってそれで満たされている。この良知良能があれば、自分の一生が六十年あるいは七十年の間であっても、万物に応じて充分に事足りるものであるのだが、五、六歳のときからそろそろ良知を失い、外に知恵というものができ、良能を忘れて、才覚を身につけて所作が賢くなればなるほど、その妙用が跡形もなく消え去ってしまうのである。

聖人が教える言葉の中には赤ん坊に戻れということは見あたらないが、赤ん坊の良心に戻った人がいたならば聖門にお迎えすべきである。老子は既に嬰児に復帰すべしと教えて下さっているのだから、ここでそれを繰り返す必要はあるまい。当流の稽古においては、初心から極意に至るまで、赤ん坊の心と所作とに基づいて修行するべし。
それぞれが赤ん坊に戻ることができたならば、天地が破裂したとしても動じることのない心となって悠々としていられる。天下を得ても喜びとはせず、失っても憂うことのない大義も備わり、世間に数多くある様々な欲望の類はひとつも赤ん坊の心に感じられることはなく、そのため内面が動揺することなどさらにない。しかしながら、腹が減ったら乳を飲み、飽きては乳から離れ、乳が出なければひねり出し、一気の運動に任せて、自然と手足を伸び縮みさせて、今現在の自分に必要なことに充分な真知の働きは自由になすことができる。■

この夕雲流の伝書によれば、自我意識による思考で知恵を巡らし才気で慮《おもんぱか》ることを一切捨て去り、生まれたばかりの赤ん坊のように我のない純真無垢な心である本能に身を任せることで如何なる状況にも対処でき、そのような内面の状態で敵に向かうならばそれが如何なる剣術の匠であっても勝ちを得ることができるという。つまり、一刀流の極意

「正面を向いている相手の後ろ姿をも捉えることができるような精神的内面となれば、そのときに太刀を振り下ろすことで必ず相手を斬り倒すことができる」

に対応して、夕雲流においては極意として

「赤ん坊の精神的内面となれば、そのときに太刀を振り下ろすことで必ず相手を斬り倒すことができる」

という表現が用いられていたと考えてよいだろう。乳幼児の内面にはいまだ自我意識である妄心はなく、ただ本心、即ち生まれたときから備わっている本能だけが存在する内面状態にある。その状態を自分の内面に実現するということが、夕雲流剣術の極意を身につけるということになるのだ。

夕雲流を興した針ヶ谷夕雲は四十代から新陰流を離れ、虚白和尚の指導によって禅の修行に入ってからまったく新しい剣術極意を見出したのだが、虚白和尚自身がそれを「無住心剣流」と呼んだことからもわかるように、赤ん坊のような自我意識のない内面に達するためには座禅などの宗教的瞑想が大きな助けとなるのではないだろうか。宗教的な瞑想が脳組織に与える影響については、欧米での精神物理学や脳科学による研究によってある程度明らかとなっている。これについては、節を改めてご紹介することにしたい。

やはり剣術妙技における本能の重要性を指摘したものに、剣術流派の伝書ではないが江戸末期における剣の達人山岡鉄舟も影響を受けたといわれる『猫之妙術』という説話がある。佚斎樗山《いっさいちょざん》が著した『田舎荘子』に収められているが、剣術や武道に関する様々な解説書にも広く引用、解説されている。以下に『猫之妙術』の概要をまとめておく。

■ある剣術家の家に大きく強そうなネズミが出るようになったため、近所でネズミ退治の評判が高い如何にも利口で強そうな三匹の猫を順次借りてきてはみたが、結局どの猫もネズミに負けてしまった。やむを得ず自分でネズミ退治を試みたがどうしてもネズミを捕えることはできなかった剣術家に、最後に類い希な猫だと評判の年寄り猫を借りてきてはみたものの、これが強そうにも賢そうにも見えない風体。期待せずに眺めていると、何とその年寄り猫を前にしたネズミは身がすくんで動くことができなくなり簡単に捉えられてしまった。

『田舎荘子』

その一部始終を見ていたダメ猫どもは驚いて年寄り猫に、己の至らないところについて教えを乞うことにした。まず最初に問うたのは、一番初めにネズミに向かっていった精悍な黒猫だった。

「自分は身体の柔軟性や敏捷性を鍛えて早業や軽業を修得し、さらに知恵を働かせて策略を巡らしたために、これまで梁を走り回るネズミを捕り損じたことはありませんでした。しかるに、今日の手強いネズミにはとうていかないませんでした」

これに対して年寄り猫は次のように指摘する。

「お前が修得したのは技のみじゃ。そのため、いまだにネズミを狙う心がある。先人の技を教えるのは、武道の道筋を知らせるためじゃ。したがって、技というものは簡潔な中に理を含んでおる。それが、後々にもっぱら技を学んでいくと、様々な工夫を考え、巧みを極め、先人の教えを不足と思い、己の才覚を用いた鋭意改良のはてに技比べ力比べというものになるが、上には上があるため巧みも尽きてどうにもならなくなってしまう。小人のする努力の結果は、巧みを極め才覚をもっぱらとしても、皆その程度でしかない」■

これが意味するところについては様々に解説されてきているが、中でも『武道における身体と心』に見られるものは以下のように簡潔でわかりやすい。

■この段階は、身体動作のみに意識が向いており、気が作用している状態ではない。いわゆる気迫といったものが伴わない、単なる身体動作の模倣の次元である。■

次には、二番目にネズミに立ち向かった大きな虎猫が問う。

■「武術は気力が重要であるから、自分はこれまで気を練ることに精進してきたため、気合でネズミを制してしまえばどんな動きにも対応することができます。技など意識しなくても自然にでき、梁を走るネズミをにらみ落とすことさえできます。ところが、今日のネズミは手強くてどうにもなりませんでした」

年寄り猫はその虎猫に

「お前が修練したのは、気の勢いに乗じて動こうとするものじゃ。そうすると、我を張って押さえ込もうとするようになってしまう。それは本来の自然な気ではない。したがって、気を張って敵の気を破ろうとすれば、敵もまた気を張ってくる。さらには、気を張ってもどうにも破れない気のときにはどうにもできない。気で覆うことで敵の気を挫けさせようとすれば、敵もまた気を覆ってくる。さらには、気で覆うこともできない気の場合には通用しない。常に自分の気が強くどの敵の気が弱いということは決してないのじゃ。また、気勢に屈しないものがあるときにもどうにもならない。窮鼠猫をかむということわざがある。必死の状況に追いつめられ、生に対する執着を忘れ、我欲を忘れ、勝負の成りゆきなどおかまいなしに、死をも恐れず反撃してくるネズミの志は鉄のように硬く、お前が身につけた我の強い意識によって生み出される気では屈服させることはできないというもの」

と言い放ち、虎猫の気は自我意識の上に練られた間違った気であり、孟子が「浩然の気」と呼んだ大自然の理法にかなった本来の気ではないと喝破した。■

これについても、やはり『武道における身体と心』での簡潔な解説を以下に引用しておく。

■　したがって、この段階は、我の気を中心とした自己中心的な活動段階と捉えることができ、いまだ相手との対立関係を解消するまでには至っていない。

ここでいう気は、気合とか気迫、一気呵成というレベルの気であり、力の質からいえば剛力ということになる。これは我の強い意志によって人為的、一方的に発揮される気であり、このような気は相■手と対立し、必ず抵抗を受ける。

次を見てみよう。

■　三番目は経験豊かな灰色の猫だったが、

「私は長年にわたって心を練り、気の勢いに乗らず、あらゆるものと対立することなく、敵に逆らわないで和合し大きく包み込むことができるので、どんなに強いネズミも敵にはならなかったのです。しかし、今日のネズミはまるで神のようでとうてい私の及ぶところではありませんでした」

と年寄り猫に問いかけてくる。これに対する答は次のように手厳しいものだった。

「お前の和というものは自然の妙で生まれた和ではなく、思い念じて和合する自我意識による和でしかない。敵の気を外そうとするときわずかにそれを念じてしまうため、敵に覚られてしまうのじゃ。心で和合し包み込もうとすれば気が濁ってだめになってしまう。意識でやろうとする限り自

然な感覚を塞いでしまう。自然な感覚を塞いでしまって、いったいどこから妙用が生まれるというのか！」■

ここでいう「自然な感覚」というものが現代の概念では「本能」に相当すると考えられるが、そうすると指摘の最後の部分は

「意識でやろうとする限り本能を塞いでしまう。本能を塞いでしまって、いったいどこから妙　用が生まれるというのか！」

という警鐘と理解できる。

また、『武道における身体と心』においては本能についてよりも気について捉える立場から論じている。ここで、該当部分を引用しておこう。

■つまり、この猫の和は、自我に基づく和であって、我を捨てきった自然の状態から生まれる和ではないとする。……（中略）……この段階の気は、相手を圧倒する気ではなく、相手と交わり和する気である。したがって、相手と対立することはないが、我の思慮によるものであるから、やはり相手にこちらの意図や動きを察知されてしまう。我の思慮に基づく気は、まだ、不自然であり、前段階と

それほど変わりはないのである。■

いよいよ、年寄り猫の番だ。

■こうして、三匹の猫の至らぬ部分を教えた年寄り猫は、今度は自分自身の妙術について語り始めた。

「思うこともなく、することもなく、自然な感覚に従って動くときは己の表象も消えてしまう。表象がなくなれば、この世に自分の敵となるものはない」■

ここでも「自然な感覚」を「本能」と理解すれば、年寄り猫の極意を

「自我による意識が生み出す思考や行動がない内面の状態で本能によって動くならば、自分の存在が捉えられることはない。自分の存在が捉えられないようになれば、もはや向かうところ敵なしとなる」

と記すこともできる。そうすると、一刀流を始めいくつかの流派に伝えられる「何らか精神的内面が変化したときに太刀を振り下ろすことで必ず相手を倒すことができる」という極意の中で、変化した

先の精神的内面で具現されるものが通常は覚醒時には出てこない本能的な動きだということを正しく残してある貴重な資料と考えることもできるのではないだろうか。

この点において、『武道における身体と心』では剣術修行に組み込まれてきた禅の教えからの解説を試みているので、ここに引用しておく。

■ この次元は、意識的作用が全くない、いわゆる無我の境地といわれる状態であり、真の和が生まれて、対立が解消し、相対的な優劣や勝敗が消滅するのである。……（中略）……我を捨てきれば、敵もなくなる。我が心に形がなくなれば、対するものもなくなり、そうなれば、敵も我も自ずとなくなる、というのである。■

『猫の妙術』は剣術流派の伝書ではないが、実際に若き日の伊藤一刀斎が見出した

「本能で応じる動きは本来の動きである実の動きとなり、当然ながら必ず虚の動きを制して勝ちを得ることができる」

という剣術極意を猫がネズミを捕る状況に置き換えて補完する深い内容に、伝書に優るとも劣らない価値を見出す武術家は現在でも少なくない。

本能をも捉える精神物理学

どうやら、様々な流派に共通した剣術極意は、自我が生み出した意識によってではなく生まれたときから備わっていた本能によって動くことにあるようだ。しかし、この「本能」というものが曲者だ。何故なら、要するに我々人間の行動の中で正常な精神的内面の上に立ち現れる意識の結果として生まれた知能に由来するものではない（不可解という印象を受ける）行動について、その背後にある詳細をつかむことができない居心地の悪さを解消するために多用される方便のような概念でしかなく、学術的には現在では使われない傾向にあるのだから。

とはいっても、意識で捉えたり制御することができない内面的原因要素によって生じる行動自体は人間には確かに存在するのであるから、それに名前をつける必要があったのは事実だ。これについては、たとえば十九世紀の精神物理学においては「魂」や「霊」といった形而上学的な概念までも併せて論じることができたため、本能を魂や霊が与える能力として「霊能」と呼ぶこともあったようだ。しかしながら、心理学や精神分析学の黎明とともに、それまで使われてきた魂や霊というようなもの

本能をも捉える精神物理学

を排除してしまう動きが主流となり、いわゆる行動主義の心理学者が増えていった。そのため、それまで本能や霊能と呼んでいたものを「情動」に改め、研究を科学的に見せかける努力がなされていく。

一時の激高した感情や落ち込んだ精神状態が引き起こすとうてい普通では考えられないような非理性的行動を誘発する原因要素を「情動」とするのであれば、確かに当たらずとも遠からずではあるが、本来「本能」と呼ばれていたものをすべて「情動」で括るのはあまりにも稚拙であろう。この事実に気づいたスイスの精神分析医カール・グスタフ・ユングは、人間の精神構造として「意識」でない部分の存在を前面に出して「無意識」と呼んだだけでなく、その「無意識」はまた「個人的無意識」と「集合的無意識」に分けられるとしたのだ。

そうすることで、「情動」などは「無意識」ではあっても「個人的無意識」に入る行動の内面的要素に類別される一方、それまでの行動主義心理学では理解できなかった複数の人達の間での非因果的な連関や意味のある偶然の一致（シンクロニシティー＝共時性と呼ばれる）と見られる不可解な事象を「集合的無意識」に起因すると考える幅が生まれた。「魂」や「霊」という形而上学的な概念の代わりに新しく「無意識」や「集合的無意識」という新しい用語を持ち出してきただけだとして批判的な立場を取った人も多かったが、ユング自身は自分が提唱した枠組の中で可能になる幅広い精神分析の成果を積み重ねていったために、現在では精神分析学の一大潮流とまでなっている。

ユング自身は精神分析医であり最初はフロイト学派に属していたが、その後フロイトと袂を分かつようになってからは精神分析学や心理学というよりも、むしろ精神物理学と位置づけられる内容の研究に傾いていった。それもそのはずで、実はユングの患者として親交のあったチューリッヒ工科大学のノーベル賞物理学者ヴォルフガング・パウリと共同で、集合的無意識に起因する非因果的な共時性現象をも物理学の中に取り入れる研究を行っていたのだ。その研究成果については両者の共著になる『自然現象と心の構造』（海鳴社）で公開されているが、実はその内容は共同研究のうちの一部でしかなく公にしても差し障りがないと判断されたものに限られていて、まさに精神物理学の復興を促すような斬新な研究の成果については封印されたままになっているのが実状。

実は、幸いなことに僕が学位取得後にお世話になったジュネーブ大学理論物理学科のチャールス・エンツ教授は、パウリが亡くなったときにチューリッヒ工科大学で彼の最後の助手をしていたという。そういうわけで、助手のときのエンツ教授には、パウリが死んだときに研究室に保管してあった論文原稿や未公表の研究内容を整理する役目が回ってきた。調べていくと、何とユングとの共同研究論文として、電磁場の量子論を用いてテレパシーなどの共時性現象のメカニズムを物理的に解明しようとした、極めて斬新な論文の原稿が出てきたそうだ。

しかしながら、ノーベル物理学賞を受賞した天才的な物理学者としての夫の名声に傷がつくと考えたパウリの未亡人は、それらユング関連の論文をすべて隠してしまったという。当時はコピー機もなく、気軽に原稿を複写することができなかったため、残念ながらパウリとユングによる近代的な精神物理学の研究内容はもはやエンツ教授の頭の中にしか残ってはいないようだ。

電磁場の量子論は量子電磁力学と呼ばれ、パウリが共時性現象との関連で研究したのは人間の脳組織と電磁場との量子論的な相互作用を介する複数の人間の無意識に発現する同期事象だったといわれている。それが真実だとすると、僕がスイスから帰国してまもなく首を突っ込むことになった、脳組織と電磁場の相互作用により意識などの脳の高次機能がもたらされるとする量子脳力学や量子場脳理論と本質的に同じ理論だったかもしれない。

事実、我々が日本で研究していた今から十年ほど前に、それまでこの分野には一切タッチしてこなかったはずのエンツ教授が、どういうわけか突然に理路整然とした量子電磁力学による生体組織中における光凝集状態の存在を示す論文を公表したときには驚かされたが、ひょっとするとエンツ教授は既にパウリとユングが残していた論文原稿の中に、そのような定式化が展開されていたのを思い出して応用を試みたのではないかという穿った見方も可能ではないだろうか？

チャールス・エンツ

量子脳力学においては、『量子場脳理論入門――脳・生命科学のための場の量子論――』（高橋康監修、保江邦夫著＝サイエンス社、数理科学臨時別冊）に詳しいように、頭蓋内の電磁場と脳組織との量子電磁力学的な相互作用によって発生する光凝集状態が記憶の総体として意識を生み出すことが結論づけられた。そこでは、当然ながらそれ以上の考察はなされていなかったのだが、電磁場自体はこの宇宙の中にくまなく広がって存在する共通の場であり、頭蓋の外の電磁場ともつながっている。

したがって、空間的に離れた場所にある複数の人間の脳組織において光凝集状態としての意識を生み出している電磁場は、それぞれの頭蓋の外にまで広がっている共通の電磁場に他ならない。光凝集状態にあるそれぞれの脳組織においては意識を生み出している電磁場の量子論的運動が、頭蓋の外の電磁場の変動を介して互いに関連し合っていると考えるならば、ユングのいう集団的無意識を電磁場全体の包括的な運動状態として理解する道が開けることになる。

言い換えるならば、知能（意識）と本能（集合的無意識を含む広い意味の無意識）の両者についての発生機序を頭蓋内外の電磁場と頭蓋内の脳組織との間の量子論的相互作用によって解明する可能性が出てきたことになる。これこそが、現代の精神物理学の基礎を与える理論的枠組となるはずだ。

とはいえ、量子脳力学はいまだ個々の頭蓋内の脳組織と電磁場の相互作用を記述する段階までしか研究されてこなかったため、本能を解明するためには今後の更なる研究が必要となることは明らかだろう。大いに期待しつつ、以下では既存の脳科学における研究成果の中で何らか本能に関連したものをいくつか紹介しておく。

武道極意とゾーン体験

人間だけでなく動物についても、学習によって獲得したのではなく生来獲得していたと考えられる能力を本能と呼んでいる。ほ乳類以外の動物の場合には脳組織の中で表面部位にあたる大脳皮質が存在しないか、あるいは未発達となっている。そして、下等動物になればなるほど本能に支配される動きが目立ち、逆に高等動物になればなるほど本能による行動が減ってくるが、その最たるものが人間だろう。この歴然とした事実があるため、脳科学では知能を生み学習に関与する脳組織として大脳皮質に着目する研究が進められてきた。その立場から考えて、本能の温床となっている脳組織は大脳皮質以外の部分、特に脳幹と呼ばれる爬虫類にすら存在する古い脳組織ではないかと見られているようだ。

ただし、人間について脳幹と本能との関連を解明しようとするとき、まず問題となるのは本能に基づく行動を特定することが難しいということ。即ち、どのような行動が学習によって修得されたものでない、本能によるものと考えられるのかということだ。むろん、本能によってのみ支配されているとみられる下等動物にも共通する行動、たとえば補食のための攻撃的行動や種の保存のための生殖行動などは人間においても本能に支配されていると広く信じられてはいる。だが、たとえば人間の生殖行動は大脳皮質による記憶や意識の作用によって大きく修飾されているため、そこに純粋な本能の現れを見出すことは容易ではない。

しかも、本能といっても我々がここで着目しているのは武術極意に登場するあくまで高度な精神機能を持つ人間存在としての本能であって、単に下等動物にも共通する行動を支配していると短絡的に考えられている「動物本能」ではないのだ。たとえば、『日本武術神妙記』における武士が竹刀で猿を突く話によれば、自分自身の意識が他に移っていたために本能的に猿を突いたときには見事に猿を突けたという。このとき、もし人間の本能が猿や他の動物と共通の行動を支配する原初的な動物本能そのものであるならば、同じく動物本能を有する猿の逃避行動が間に合わないように突くことは難しいはずではないだろうか。

本書において論じられる人間の本能というものは、したがって闘争本能や生殖本能などといった動物本能とは一線を画す、いわばより高次の本能のことだと理解されるべきだろう。そこで、以下においてはこれを「高次本能」と呼ぶことにする。また、動物本能についてはこれを「低次本能」と呼ぶ。既に見てきたように、柳生新陰流の『兵法家伝書』においては精神的な内面である心に本心と妄心という二種類のものがあり、本心とは人が生まれるときから備わっている素直な心のことで、人間の高次本能そのものにあたる。妄心とは自我意識のことで、内面が妄心となっていれば負けてしまい、内面が本心となっていればすべてがうまくいくと記されていたのだった。

本心と妄心という捉え方がそもそもは『不動智神妙録』を残した沢庵和尚にあることから考えて、そこに仏教的な由来を見ることができる。キリスト教においては妄心を単に「心」と呼び、本心については「魂」や「霊」と捉えているが、その他の宗教においてもこれに準じている場合が多い。

このことから推し量ることができるように、脳科学において研究対象となってきた高次本能の例は主として宗教的体験に関するものとなっている。既に取り上げたニューバーグとダギリによる研究が典型的なものであり、祈りや深い瞑想によって神との結びつきを感じるときの宗教家の脳においては、特に周囲の他者と自分を区別する感覚情報を脳の様々な部位に絶えず伝えている頭頂葉上後部にある神経束が不活性となることが判明した。それにより、脳は周りの世界との境界や他者との区別をまったく感じなくなり、宇宙の中のすべてのものとつながった一体感を感じることになるというのだ。

ここで頭頂葉、つまり大脳皮質の一部が不活性となって機能しなくなるということは、大脳皮質が存在することによる影響の一部が消失するということを意味する。つまり、一部に関して自我意識である妄心が欠落したためにそれによって覆い隠されていた本心、即ち高次本能の一部が精神生成に影響を与えるようになったと理解できることになるのだ。このとき大脳皮質の一部が実効的に存在しなくなるということは、取りも直さず大脳辺縁系や大脳基底核といった大脳髄質と呼ばれる大脳内部の組織、さらには脳幹などの古い脳の働きが精神生成により大きく関与できるようになるということであり、結果として高次本能の起源が大脳皮質ではなく大脳髄質や脳幹にあるということを示唆してい

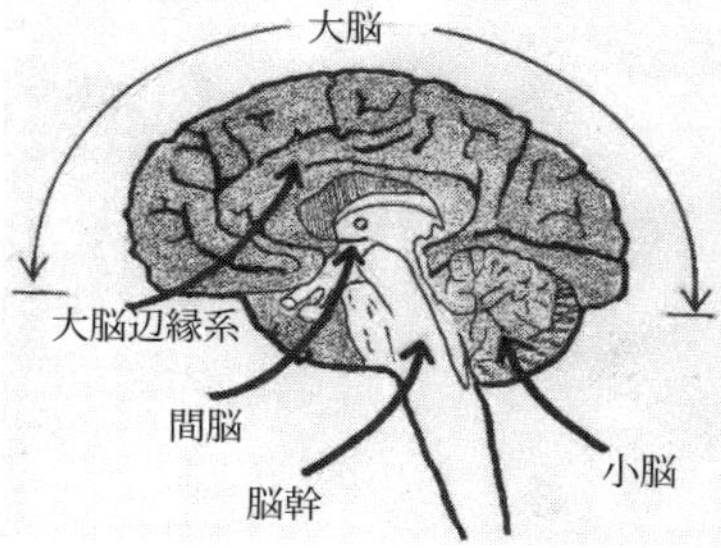

脳の断面図

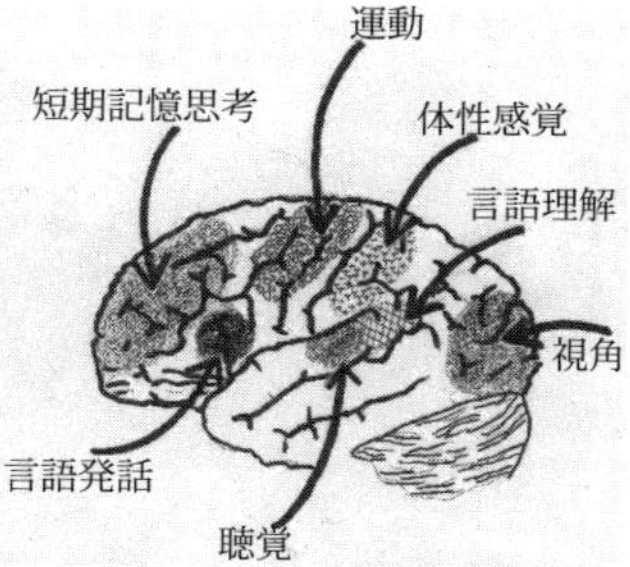

脳の表面図＝大脳皮質図に
機能分布を示したもの

る。

宗教活動以外のところで、同様に大脳皮質の機能が何らか制御されることによって脳幹支配となったために何らかの変性意識状態が生じたと推測される事例は、主としてスポーツ選手の報告に見られる。「ゾーンに入る」とか「ピークに達する」といった表現が多用されたために、「ゾーン体験」や「ピーク体験」と呼ばれるようになったものがそれだ。いわゆる超一流選手と呼ばれる人がスポーツの試合などでの身体運動への意識の集中の果てに希に到達する変性意識状態であり、そのような精神的内面が達成されたならば必ず試合に勝利するだけでなく疲労すら感じなくなってしまうという。

ということは、このゾーン体験もまた大脳髄質や脳幹の働きによって生み出される高次本能に起因するのだろうか？

実はその答は否であり、確かに脳幹に支配されたために生じる変性意識状態であるにはあるが、極度の意識の集中によって達成されるために本能といっても高次本能ではなく、むしろ低次本能を意識的に導引する何らかの内面状態が具現していると理解すべきだろう。この点については、一般の人々の間で深刻な誤解が蔓延しているため、以下において明確に指摘しておくことにする。

超一流スポーツ選手が一生の間に一回か二回程度偶発的に遭遇するというゾーン体験のときの精神的内面と日本の武道極意に示された精神的内面とは、それぞれまったく異なるものであり、互いに相容れるものではない。このことは、ゾーン体験は様々な条件が積み重なったときに偶発的に生じるため、毎回の試合でそれが実現されることはあり得ないという明白な事実からも理解できる。何故なら、武道極意はそれを用いるならば必ずや相手を倒すことができるという確実な技法であり、様々な条件や運に左右されるものではないのだから。

さらには、スポーツにおけるゾーン体験が意識の集中の極限として得られるのに対し、武道極意はたとえば「赤ん坊のようになれ」などと最初から意識を捨て去っておかなければ発動させることはできない。つまり、意識の極限までの集中を経て到達できる変性意識状態において具現されるのがゾーン体験であり、逆に意識を完全に捨て去ってしか到達できないまったく別の変性意識状態に己を追い込むのが武道極意なのだ。

ところが、この点を誤解し両者が同じものだと思い込んでしまう場合が多いため、武道極意についてもゾーン体験と同様にそれが脳幹による働きで実現される動きに他ならないと考えられる傾向にあるし、そのため武道に特化した脳科学的な研究が阻害されてきたとも考えられる。本書の目的は、武道の極意技法が脳組織におけるどのような作用機序によって具現されるのかを精神物理学や脳科学の研究成果によって明らかにすることにあるのだが、そのような理由によって本書でご紹介する多くは今後の実験的研究を待たなければならない理論段階にとどまっていることも否めない。

とはいえ、精神物理学と脳科学において既に明らかとなった様々な実験的研究成果の中には、ゾーン体験のようにそのままでは武道極意についてあてはめることができないにもかかわらず、それが武道極意に見られる精神的内面とは正反対に位置することがわかっているため、理論的考察の大きな手がかりを与えてくれるものもある。その意味で、脳科学においてゾーン体験について明らかとなっている事実を知っておくことは、我々にとっても重要であろう。

ゾーン体験と脳幹の働き

スポーツ選手の間で共通の理解となっている「ゾーン体験」での意識は、リラックスして精神が解放されていると同時に極度に集中している状態にあるという。超越的な覚醒状態とも表現されることがあるようだ。

具体的には、たとえば全米プロバスケットリーグのボストン・セルティックスに属していたビル・ラッセル選手が、試合の途中から突然視野が後側も含めて全方位に広がる感覚になって周囲の状況をすべて把握できるようになったかと思うと、チームメイトが放つパスの到達点をことごとく何故か事前に察知することができたり、相手チームの選手の動きがスローモーションになってしまったことを報告している。また、総合格闘技の選手の場合は、相手が繰り出すパンチやキックがこれまたスローモーションであるかのように見えるために、簡単に防いでしまうことができたという。

このように、ゾーン体験においては試合相手の動きが極端に遅くなったように感じるケースが多いが、特筆すべきは時速三〇〇キロ以上の高速度で疾走するＦ１などの自動車レースにおいてさえ、車が止まっているように見えるだけでなく烈しい排気音や振動音までもが消え失せる静寂の世界が表出するというドライバーの話も聞く。

このような超一流のスポーツ選手が極度の精神集中を持続させる緊迫感に満ちた過酷な状況の中で偶発的に体現するゾーン体験における変性意識状態については、脳科学からの研究によってそのからくりがある程度は理解されつつある。しかも、そこで中心的な役割を果たしているのが脳幹の中にある網様体と呼ばれる組織であることから、それがいわゆる洗脳や催眠術のメカニズムとも大きく関係していることが明らかになってきた。そのことから、それまでは偶発的にしか生じないと考えられてきたゾーン体験を、訓練だけでなく洗脳や催眠術と同様に引き金となる何らかの刺激によって意図的に誘発しようとする研究までもなされているという。

この脳幹網様体というのは神経細胞と神経繊維が網目状になった神経組織で、脳内に同時に入ってくる視覚、聴覚、嗅覚、味覚、触覚などすべての感覚刺激の中から取捨選択し、選ばれた感覚情報のみを大脳皮質に伝えることで必要とされると思われる感覚だけを意識するように自我を「騙す」役割を持っている。また、生命維持に本質的な機能も請け負っているため、たとえば生命の危機に直面するような状況に陥ったときに特に活性化される部分でもある。生命の危機に直面した場合において、大脳皮質が全力を挙げて危機回避措置を取ることが可能となるように、この網様体から最大量の感覚刺激が送り込まれるのだ。その機能を含めて、脳幹網様体賦活系と呼ばれることもある。

ゾーン体験が表出するような精神的内面は、実は生命の危機といった状況ではないにもかかわらず脳幹網様体が活性化され、本来ならば大脳皮質に伝えないような感覚刺激までも大量に送り込んでいくことで生み出されていると考えられているのだ。そのため、通常の覚醒状態ではまだ靄がかかっていたと感じるほどに、すべてのものを明瞭に見通せる超越的な覚醒状態という印象を持つことになるのだろう。通常は覚醒状態での意識が制限された感覚刺激によってのみ生み出されていたのに比べ、ゾーン体験における変性意識状態は制限が取り払われた大量の感覚刺激によって生み出されているわけだから。

しかし、ここで特に注意しておかなくてはならないのは、ゾーン体験においてはこのように生命の危機に直面したときに、大脳皮質が全力で危機回避措置を取れるようにする脳幹網様体賦活系が働いているため、大脳皮質が生み出す意識は極度に集中し覚醒した状態の中ですべてに対する超越的な認識を示すという点だ。そして、この点はこれまで見てきた剣術極意における精神的内面の様相、即ちガンツフェルト効果などで外部からの感覚刺激をわざと極端に制限して初めて得られるような夢見心地の状態とは正反対に位置すると理解されるべきであろう。

現代の脳科学では既に脳幹網様体賦活系を利用してゾーン体験を誘発することまでも可能としてきている。それは、脳幹網様体そのものに働きかけて活性化させるような精神的な内面操作となる状況に外部から強制的に追い込んでいくというものだ。しかも、脳幹自体は爬虫類などの下等動物にもある古い脳組織であるため、低次の本能や原初的な感情などを内面に生み出すように周囲の人間、つまり監督やコーチあるいは軍隊の上官などが圧力をかけていく必要がある。

脳幹網様体賦活系の引き金となるものは、生命の危機に遭遇するといった極限状況だけでなく、強烈な恐怖感や極限の快楽感や怒り、さらには獲物を捕まえた満足感などの動物本能と考えられる原初的な感情があることが知られている。そこで、このような原初的な感情のうちのいずれかを極度に強く感じさせてしまうようにすれば、脳幹網様体賦活系のスイッチが入ってゾーン体験を生み出す精神的内面が作り上げられるわけだ。弱腰になって押され気味のボクサーに対して、セコンド役のコーチが耳元で「お前は強い、お前は最高だ、お前ならやれる」と大声で何度も繰り返し叫ぶ場面はよくあるし、野球やラグビーのチームが負けゲームの流れを変えたいときに円陣を組んで全員で大声で連呼して士気を高めることは珍しくない。これらも、選手達の網様体が少しでも活性化してゾーン体験が生まれるようにしたいがために、脳科学の応用としてコーチや監督が学んで実践してきた手法が一般化したものと考えられている。

むろん、それをコーチなどが外から働きかけるのではなく、スポーツ選手自身に自覚させ、自分で自分に言い聞かせるようにする形で自己強制する手法も併用されている。いわば、自分の脳幹網様体賦活系のスイッチを自分自身の行動や意識によって入れたり切ったりすることで、通常の覚醒状態とゾーン体験が生まれるときの超越的な覚醒状態との間を自在に往き来できるように選手自身が努力するやり方だ。

この場合には、選手は自分自身に絶えず話しかけて己を強く鼓舞することや、試合に勝つなどの目標が達成された場面をイメージすることを求められるが、その理由はそうすることによって生まれる強い感情が脳幹網様体賦活系のスイッチを入れる可能性があり、ゾーン体験を生むための精神的内面の準備が整ったことになるからだ。

何度も繰り返すことになるが、武道の極意発動の場面で求められる精神的内面はこのような超一流のスポーツ選手達が希に到達するゾーン体験におけるものとは、根本的に異なっている。ある意味、正反対ともいえるものだ。それは、自分自身に絶えず話しかけるとか勝利した自分のイメージや理想的な動きのイメージを思い浮かべるなどという自己努力は、完全に大脳皮質の働きによる自我意識の操作であり、一方武道、特に剣術の極意で要求される、言葉を捨て去り赤ん坊になりきって一切のイメージを捨て去ることで本心つまり本能に我が身を託すという自己努力が大脳皮質の働きを完全に抑制したものであることからも明らかだろう。

ただ、その結果として表出する現象はスポーツにおけるゾーン体験の場面も武道極意が発揮された場面も、両者ともに普通ではあり得ない特異な状況となる点に疑問が残ってしまう。この疑問を解く鍵は、スポーツにはなくて武道にはあるもの、つまり宗教との強いつながりにあるのではないだろうか。

これについては、宗教体験そのものを精神物理学と脳科学から明らかにするいくつもの研究事例があるため、それらを考察した上でこの疑問を明らかにすることにしよう。いましばらくは、ゾーン体験の周辺に探りを入れていくことにする。

方程式の発見

イタリアの天才的芸術家ミケランジェロは、自分自身が彫り上げた素晴らしい彫像作品の数々を前に、これらは自分の力で生み出したものではなく既に大理石の塊の中に確固として存在していたものを、自分がノミとツチを振るって掘り出したのだと語っている。人間技で創り上げたものではなく、神の調和力によって大理石の中に隠されていたものを大事に掘り起こしてきたものだからこそ、見る人の心に感動を生み出すことができるというのだ。

数学者や理論物理学者が新しい方程式を見つけるとき、高校受験や大学受験でのように必死で問題を考え抜いて緻密な計算を何日もあるいは何ヶ月も重ねていくのだろう。一般の皆さんは極めて好意的に、このように思い込んで下さっているようだ。むろん、そのような論理的思考の結果見出される方程式がほとんどではあるのだが、実はそのようにして見つかった方程式は間違ってはいないのにもかかわらず美しくはない。つまり、論理的には正しいのだが、それを見たり使ったりする数学者や物理学者に感動を与えてはくれないのだ。

ところが、一部の天才的な数学者や物理学者が提唱した方程式の中には、それ自体神々しいまでの美しさを醸し出しているものがある。そして、そのような感動的に美しく高貴な印象を与える方程式が発見されたときの逸話を調べてみると、意外にも論理思考や厳密計算とは無縁の不可思議な体験の中でフッと頭に浮かんできたというものが多い。あたかも芸術家が美しい芸術作品を生み出すときのように、目に見えない数学的真理の世界に遊んでいるうちに、ふと新しい方程式を掘り起こしてくることができるという具合だ。

そのような希有な体験を果たすことができた数学者や理論物理学者は、皆声をそろえ「方程式というものは数学的真理の世界に既に確固として存在しているものであり、決して人間が人間技で考え出したり思いつくものではなく、神の予定調和によって数学的真理の世界に迷い込むことができた人間だけがそこで方程式を脳裏に焼き付けることができる」と主張している。

むろん、そのようにして見出される方程式の数は極めて少ないのだが、方程式自身の美しさや意味深さ、あるいはより基本的で広範囲に適用できるといった普遍性について特に際立っているものばかりだ。そして、それらごく少数の方程式が発見されたのは、「神の恩寵により閃いた」とか「眠りから覚めたときには既に頭に浮かんでいた」、あるいは「数学的真理の世界にさまよい込んで見出した」といった、とうてい数学者や物理学者の発言とは思えない印象でしか語ることができない特異的な精神的体験によっている。

しかも、そのような形での方程式の発見は偶発的であり、自分自身でそのような体験を意図的に持つことはできないような意味のある偶然に支配されていたり、場合によっては数学や物理の研究ができる環境とは正反対の状況に追い込まれていたときに、フッと目の前に現れてくるというのだ。

たとえば、大数学者としての名声が高いフランスのアンリ・ポアンカレが方程式を発見したのは、兵隊として戦争に駆り出され疲れきった頃に過酷な深夜の歩哨に立つはめになったときだったという。

また、量子力学の基本方程式を発見したドイツの物理学者ヴェルナー・ハイゼンベルクの場合は、花粉症に悩まされ体調を崩していたために南ドイツ山岳地から北海のヘルゴラント島へと避難していたときのことだった。深いレベルでの新しい物理法則を表すための方程式を見出すべく徹夜で格闘していた夜明け前に岩山に登り、水平線を際立たせるような朝焼けを背景として煌めく太陽の光を浴びていたハイゼンベルクの眼前で、それまで混沌としていた己の頭から解き放たれた数式が整然と並び始めたかと思える天の啓示を授かったというのだ。

オーストリアの物理学者エルヴィン・シュレーディンガーもまた、不思議な体験によってもうひとつの量子力学の基本方程式を雪深いスイスの高所保養地アローザで発見している。ハイゼンベルクが一人で岩山に登ったのとは逆で、目に見えない数学的真理の世界をさまようためにシュレーディンガーが必要としたのは、クリスマス休暇に伴った一人の女性の存在だったという。そして、雪深いアローザでのクリスマスの夜、研究の行き詰まりによる焦りをロマンスの香で打ち消そうとする、まさに薄皮一枚を隔てて狂気に向かう己の意識からの魂の解放を願ったシュレーディンガーは、神の旋律を聴くことができた。現代の科学技術の基礎を与えるといっても過言ではない方程式を、目に見えない数学的真理の世界から引き出してきたのだ。

発見者本人がこのように書き残している状況だけから、それがまるで武道の極意発動の場面で求められる精神的内面や超一流のスポーツ選手達が希に到達するゾーン体験のどちらか、あるいは両方に類似していると判断することには当然ながら無理がある。ところが、この僕自身もそんな不思議な体験をとおして新しい方程式を発見するという幸運に、たった一回だけではあるが恵まれたことがあった。そしてまた、ゾーン体験どころかアマチュアスポーツ選手の足下にも及ばないほどの運動音痴ではあったが、それでもまさに神の恩寵によって武道極意を身につけることだけはできた身でもあるので、そのような方程式発見における精神的内面と武道の極意を具現させるときの内面を比較検討することだけはできる。

自分で言うのもおこがましいが、その意味で僕自身というのは極めて希な研究資料でもあるのかもしれない。

ささやかな方程式発見物語

あれはスイスのジュネーブ大学に職を得て二回目のクリスマス時期のことだ。イタリアの美味い白ワインで有名なフラスカーティにあるイタリア国立原子核研究所の理論物理学者エティム・エティムが北ドイツのジーゲンにある工科大学に半年間客員教授として滞在していて、そこでセミナーの講師として僕を招いてくれた。ジュネーブからだとかなり距離があるので普通なら飛行機か列車で行けばよかったのだが、ちょうど買ったばかりの中古のランチャー・フルビア・クーペの性能を試すいいチャンスだとばかりに、ひとりで乗り込んだ。

その車は、以前にモンテカルロラリーでも優勝したことのある珍しい三人乗りのクーペで、排気量一三〇〇ccのくせに時速

ランチャー・フルビア・クーペ

二〇〇キロ以上のスピードが出るという高圧縮比のツインカムエンジンが売り物。ところが、スイスの高速道路は最高速度が時速一三〇キロに制限されていたので、せいぜい時速一五〇キロくらいまでしか試せない。それが、速度無制限のドイツのアウトバーンを走れるわけだから、僕としてはルンルン気分でドイツを目指していったのだ。

スイスとドイツの国境を越えてフライブルクを過ぎた辺りに、アウトバーンが平地にどこまでもまっすぐ延びたところがあった。これなら高速運転に不慣れな日本人でも大丈夫だろうと考えた僕は、おそるおそるアクセルを踏み込んでいった。スピードメーターが一六〇キロを超えたあたりからランチャー特有のキーンという甲高いエンジン音が鳴り響くのに加え、もの凄い風切り音と激しい車体の振動音でテンションはどんどんと上がっていく。このままでは空中分解するのではないかという不安を無視するかのように、更にアクセルを強く踏んでいく……。そうして、ついにスピードメーターが一九〇キロ近くになったとき、あの不思議な静寂の瞬間が訪れた。三〇年以上も前のことだが、今でもまるで昨日の出来事だったかのようにありありと思い出すことができる、不可思議きわまりない体験の瞬間だ。

あれほど激しいエンジン音や風切り音が鳴り響いていた車内が、一瞬のうちにそれこそ何の音もしない完全な静寂の世界へと変貌してしまったのだ。おまけに、胃袋の中身をひっくり返すかのような凄い振動もピタッと止まってしまい、まるで雲の絨毯の上を滑らかに滑っていくかのように車窓の外の景色だけがゆっくりと穏やかに流れていくのが見えるだけ。ひょっとして時間が停止してしまった

$D\frac{\partial L}{\partial D.x}+D.\frac{\partial L}{\partial Dx}=\frac{\partial L}{\partial x}$
ヤスエ方程式

のかとさえ思ったのだが、不思議なことに不安感とか怖さというものはまったく感じなかった。むしろ、何か非常に大きな存在に暖かく見守られているという根拠のない確信のようなものがあったために、このまましばらく様子を見てみようという気持にさえなっていたのだ。

そして、時速一九〇キロで突如出現してきたこの完全な静寂の世界の中で、自分の額の裏側としか表現できないところにフッと何か数式のようなものが浮かび上がってきた。

アレッ、これは何だ！

初めてのことで少し戸惑った僕が不思議な印象の中でその数式をしばらく眺めていた次の瞬間、車内は再び激しいエンジン音や風切り音に満たされ、車体も僕の内臓もガタガタ揺さぶられるようになってしまった。もちろん、もうどこを見てもそんな数式は見えないし、そもそもアウトバーンの上を高速で運転しているわけだから、そんな気持のゆとりなどとても持てないのが普通であり、ついさっきまでの完全な静寂と平穏な瞬間が持続するほうが異常なのだ。

しかし、正常な状況に戻ったときの僕は急に心配になってすぐにスピードを落とした。そして思った。今のは、自分の頭がおかしくなっていたのだと。朝からずっと慣れない買ったばかりの車を運転していた。しかも、スイスのフランス語圏を出てからはドイツ語の道案内しか出てこないところを高速で飛ばし続けてきたために、脳みそが疲労困憊してしまったに違いない。だからこそ、あんな変な妄想を見てしまった！

これは、そろそろ限界かもしれない。

そう判断した僕の目に、次の出口が近いことを示す表式が飛び込んできた。ちょうど時間も夕方近くになっていたため、今日はこのあたりのホテルに泊まって頭を冷やし、明日再びジーゲンへと向かうことにした。幸い、アウトバーンを出てすぐのところに小さな田舎町ヴァインハイムがあり、中心部にあった古びたホテルに車をつけて聞いたところ、運良く空き部屋があるとのこと。階下のレストランで分厚いトンカツを肴に冷えたドイツビールを何杯も飲み干す頃には、緊張しきった脳みそもほどよく解れてくるし、その後部屋に戻って熱いシャワーを後頭部から浴びたときには、アウトバーンでの異常な体験のことなどもう忘れきっていた。

ところが、ところがだ。明日の運転に備えてゆっくり眠るぞと思って大きなベッドに背中から倒れた瞬間、アレッ待てよ……。そういえばあのとき見えた数式は……。意外にはっきりと数式の詳細が思い出せた僕は、すぐに起き上がって宿の便せんにその数式を書き出してみた。明らかに何かの方程式なのだが、今までどこでも見たことのない形であるにもかかわらず、何か懐かしい感覚がある……。

これが、後にヤスエ方程式と呼ばれる新しい方程式を発見したときの出来事だ。

しばらく紙の上の方程式を眺めながら、いったいこれは何だろうと考えていくうちに、ふと方程式に現れる関数の中に具体的な形を入れてみたらどうなるだろうかと思い、いくつか計算してみた。すると、どうだ。一九六四年にプリンストン大学の数学者エドワード・ネルソンが発見していた方程式が導けてしまった。ということは、目の前にある不可思議な方程式は、既に知られていた重要な方程式をひとつの特殊ケースとして含む、より一般的で普遍的な基礎方程式に違いない。

これは、凄い！

ひとつの重要な方程式を発見したと実感した僕は、興奮して眠れなくなってしまったため、再び服を着て階下のレストランのカウンターに陣取り、その村で造られた白ワインを飲みながら方程式発見の余韻に浸った。思えば、数理物理学者として人生最大の幸せを得ていたのだが、それが可能になったのは僕がコツコツと努力したからでも何でもない。アウトバーンを飛ばしていたあの瞬間に、目に見えない数学的真理の世界に迷い込んでしまった僕の魂が最初に目にした方程式を、何とか現実の世界にまで引き出してくることができたからにすぎないのだ。

これが、僕のささやかな方程式発見の物語であり、詳しくは拙著『量子の道草――方程式のある風景・増補版』（日本評論社）をご覧いただければと願う。

ゾーン体験としての方程式発見

それでは、時速一九〇キロでアウトバーンを疾走していたあのとき、激しいエンジン音や風切り音が鳴り響き今にも空中分解するのではないかと思えるほどの車体の振動で緊張の極致に達していたはずの車内で、いったい何が起きたのだろうか？　いや、むろんのこと車内で何かが変わったというのではなく、何かが起きたのであればそれは僕自身の精神的内面においてのことだったはず。何故なら、そのときの状況を意識し記憶に留めたのは、取りも直さずこの僕だったのだから。

ということで、ここでそのときの僕の内面がどのようなものだったのかを書き記してみよう。そうすることで、目に見えない数学的真理の世界から方程式を見つけ出してくることを可能にする精神状態というものが、はたしてスポーツでのゾーン体験に近いものなのか、あるいは武道極意を繰り出すときのものに近いのかを判別することができるかもしれない。

まず、当日の天候その他についてだが、クリスマス休暇前の時期にしては珍しく雲間から太陽の光が降り注いでいたため、午後四時頃でも車内は適度に温かかったのでヒーターは入れていなかった。

フライブルクを通過してフランクフルトに向かうアウトバーンは「黒い森」を南から北へほぼ一直線に分断するため、至るところに地平線までもまっすぐに伸びた部分があり、初めての人でも車の性能限界までスピードを上げることも容易だ。

しかも、片道三車線の立派な舗装が続いていたし、如何にもお堅いドイツ人の運転マナーで走っている車はどれも整然とした動きを見せてくれる。そのため、不意に追い越し車線に車が出てくることも少ないし、ましてや追い越し車線よりもさらに中央分離帯に近い車線を走ってさえいれば走行の邪魔をされる心配はまったくない。おまけに、そのときはアウトバーンがほとんどがら空きの状態で、どの車線にも前方に車は見えなかった。

つまり、まだ乗り慣れていなかった車で初めて時速一九〇キロのスピードを出すためには、極めて好都合な条件が重なったために自分の車のことだけに専念することができる最適な環境が整っていたといえる。そのため、僕自身の意識は主としてフロントガラスをとおして見える前方の三車線の路面状況、ハンドルの輪の中に見え隠れするスピードメーターとエンジンの回転計や油圧計の針の動き、そして右足裏に感じるアクセル板の踏み加減、高鳴るエンジン音と車体の激しい振動音、さらにはタイヤから伝わってくる猛烈な振動などだけに集中し、そこにわずかの異常でも感じ取ったときにはすぐにスピードを落とすことができるような態勢を取り続けることができていた。

即ち、危険回避を慎重に心がけなければいけないと考え、常に全身全霊を傾けて不測の不具合を予見できるように、己の意識を最大限に鋭く集中して自分と自分の車が置かれた状況の正確な把握に努めていたわけだ。

おまけに、車自体はかなり古い中古を個人から買ったばかりだったため、その車体の安全性能やエンジンの仕上がり状況については不明な要素も多かったわけで、ひょっとすると途中でエンジンヘッドが飛び散ってトンでもない事故を引き起こすかもしれないなどという不安感も湧き続けていた。まさに、一枚板の下に地獄があるかのような、何かホンの些細なことで大惨事につながる状況であるという怖さも、スピードメーターが上がってくればくるほど心の奥底から湧き起こっていただけでなく、その恐怖感は段々と大きくなっていった。

しかもその日は朝ジュネーブを出発し、当時は高速道路がまだ完成していなかったフリブールとベルンの間を一般道で山越えするなど、既に七時間は連続で運転していたため疲労もかなりたまっていたはず。そんな状態で初めて時速一九〇キロを超えようとしていたのだから、まさにいつトラブルが発生して死亡事故を誘発しても不思議ではない、無鉄砲極まりない自殺行為に突き進んでいったとも考えられる。

このように、精神的にはある程度自分の生命が危険にさらされているという実感が本当に強かったわけで、その緊迫感やストレスによって脳幹網様体が活性化されて得られるゾーン体験での超越的な覚醒状態に近い変性意識状態が生み出されていたと考えることができそうだ。実際に、そのとき大脳皮質が生み出していた意識は極度に集中し、F1レーサーがゾーン体験で経験する周囲がゆっくりと動く視野も、振動やエンジン音までも消え去る静寂が訪れたことも共通していた。つまり、武道極意における精神的内面の様相である夢見心地の状態とは正反対のものだったといえる。

こうして、少なくとも僕自身の個人的な方程式発見の場面における精神的内面や前後における身体的状況を思い出していくことで、それがやはり超一流のスポーツ選手達が希に到達するゾーン体験と同じ現象ではないかと推測することができた。

既にご紹介した逸話を残している数学者ポアンカレの場合にも、戦場で疲労困憊していた上に敵に命を狙われる歩哨を命じられていた状況において、自分の生命が危険にさらされているというストレスが脳幹網様体を活性化させたと考えることもできよう。徹夜で考え続けることで異常に覚醒しきった頭を冷やすために山に登り、朝日が昇る様《さま》に感動した物理学者ハイゼンベルクの場合には、大自然の美しさやその懐に抱かれていることの素晴らしさに対する圧倒的な感動が脳幹網様体を活性化させたのではないだろうか。

脳幹網様体はまた、恐怖感や快楽感などの原初的な感情によっても活性化されるのだったが、雪深いアルプスでクリスマス休暇を謎の女性とすごしていた物理学者シュレーディンガーのときは当然ながら後者の感情に助けられた方程式発見だったのかもしれない。そのような快楽体験によって自分の脳幹網様体賦活系のスイッチを入れることで、ゾーン体験が生まれるときのような超越的な覚醒状態を自在に作り出す手法は、たとえば密教やフリーメーソンなどの宗教的秘儀の中に取り入れられてきた。そのようにして生み出された変性意識状態で宗教家が見るのが神の予言であり、数学者や物理学者が目にするのが未発見の方程式ということなのだろう。

強要された自白の不思議

極度の精神集中と緊迫感に満ちた過酷な身体運動を続ける中で希に生じるゾーン体験における特異な精神的内面の現れについては、それが脳幹網様体賦活系の働きによるものであり、洗脳や催眠術のメカニズムとも共通している部分が多いことが脳科学による研究から解明されるようになった。そして、通常では意図的には生じないゾーン体験を洗脳や催眠術と同様の手法を用いて誘導する研究までもがなされているのだ。

脳幹網様体は脳内に同時に入ってくるすべての感覚刺激を篩にかけ、選ばれた感覚情報のみを大脳皮質に伝えることで何らか限られた感覚情報だけを意識するように自我を騙す役割を持っているのだった。そこで、結果として脳幹網様体の活性を制御して都合のよい感覚情報だけを意識させ、都合の悪いものを意識させないようにするということが考えられるが、それが催眠術や洗脳の作用機序に他ならない。脳幹自体は爬虫類にも見られる古い脳組織であるため、網様体の活性を制御するためには原初的な感情などを内面に生み出すように働きかける必要がある。特に、強い恐怖感や快楽感など、爬虫類的な原初の感情を利用すると効果的であることまでもが判明しているようだ。

催眠術においては、被験者に対して非常に心地よく聞こえる独特の声がきっかけとなって脳幹網様体賦活系のスイッチが入り、その後は聴覚から送り込まれる施術者の声のみが選ばれた感覚情報として大脳皮質に送り込まれてしまう。催眠術は短時間で脳幹網様体の活性を誘導してしまうが、これを長い期間をかけて行うのが洗脳と考えてよい。

ところで、新聞報道やニュースでしばしば目にするものに、何らかの殺人事件の容疑者が警察での取り調べで自白して罪を認めたにもかかわらず、裁判の場でその自白内容を覆すというものだ。いったん容疑を認め、捜査員が作った取り調べの経緯をまとめた調書にサインまでした被告人が、公判の席ですべてを覆して無罪を主張するというのは、一般の目からすると被告人がしたたかに虚偽を主張してまで罪を逃れようとしているとしか映らない。そもそも取り調べの中で自分で罪を認めていたのだから、この期に及んでしらばっくれるというのは不届き千万！

誰もが、大岡越前や遠山の金さんになった気分で、被告人を咎めるに違いない。

だが、それは警察の取り調べの現場で多用される、捜査員が被疑者に対して長時間にわたって大声と威圧的態度で自白を誘導する「落とし」手法が持つ潜在的な危険性を知らないからだ。取り調べ中の自白の中には、むろん希にしかないことではあるが、容疑者が捜査員の威圧的な言動や先の見えない閉塞感がもたらす強い恐怖によって結果的に洗脳されたのと同じ精神的内面になってしまい、自分で自分が犯人だと思い込んでしまったことによるものがあるのだから。

取り調べを受ける容疑者にとっては密室である取調室に連日長時間にわたって閉じ込められ、自白を誘導する接見技術に長けた専門の警察官が捜査員により割り出された犯行の一部始終や犯行に至った動機や背後関係について強い口調で延々と尋問を続け、ときには容疑者の冷静な精神的内面を突き崩す目的で耳元で罵声を浴びせたり身体を揺さぶる、あるいは顔に強い照明をあてるなどの行為にまで及ぶのが取り調べの実体といわれる。このような状況に置かれた容疑者が本当の犯人ではなかったときに、はたして拘留期限の最後まで否定し続けることができるのだろうか？

これまでに明らかとなった冤罪事件は氷山の一角にすぎないといわれているが、そのような冤罪事件を生んでしまうのは、過酷な取り調べで疲弊した容疑者がしてもいない犯罪について自分がしたと本当に信じてしまうことによる。特に精神的に弱い容疑者の場合は、尋問で何回も聞かされた犯行の様子や背景についてのイメージを受け入れてしまい、自ら辻褄の合うような自白をしてしまうのだ。これについては、精神鑑定の専門家による精神分析学からの研究によって明らかとなっているし、最新の脳科学による研究成果も出されてきている。

では、いったい何故に、人はそのような取り調べによって犯人でもないのに自分が犯人だと自白してしまうのだろうか？

実は、ここでもまた脳幹網様体賦活系の働きがキーポイントとなっている。それは、取り調べ現場での強い口調による尋問の聴覚刺激や極度の恐怖感と閉塞感や絶望感が、脳幹網様体そのものに働きかけて活性化させてしまうということに他ならない。その結果、脳幹網様体賦活系のスイッチが入り、催眠術や洗脳と同じように聴覚から繰り返し流れ込んでくる犯行の一部始終や背後関係までもがあたかも自分自身の実体験であると意識するような形で大脳皮質に伝えられてしまい、自分が犯人だと錯覚する精神的内面が作り上げられる。

これは、スポーツのゾーン体験が体現できるような精神的内面を誘導するため、コーチや監督が選手の耳元で「お前は強い、お前は最高だ、お前ならやれる」と大声で何度も繰り返し叫ぶ手法と原理的には同じことだ。激しい口調で「お前は強い、お前は最高だ、お前ならやれる」と怒鳴られ続けたスポーツ選手が自分で自分の強さを信じて素晴らしいプレイを見せるのと同様に、「お前は犯人だ、お前が殺したんだ、お前ならやれたはずだ」と怒鳴られ続けた容疑者が自分で自分の容疑を信じてしまい犯行を自白するのだから。

現代では、いつどこで犯人に間違えられ拘留尋問を受けてもおかしくないくらい、身の回りでの犯罪が増えている。そのため、誰もが偽りの自白に追い込まれ、犯人に仕立て上げられてしまう危険性がある。その間に真犯人は再度の犯行に及ぶ可能性もあるため、このような冤罪事件は間違えられた本人だけでなく社会全体にとっても大きな問題だ。そのようなことにならないためには、したがって身に覚えのないことで取り調べを受けることになったときには、絶対に偽りの自白をしないという精神的な強さを各自が持つ必要がある。

しかしながら、相手は尋問のプロであり、自白に追い込むためにはそれこそありとあらゆる技法を駆使してくるわけで、テレビや映画でしかそのような場面を見たことがない善良な一般市民の標準的な神経ではとうてい抵抗することはできないだろう。だからといって、手をこまねいているわけにはいかない。罪もない善良な市民が冤罪で服役するなどという愚かなことはあってはならないのだから。いや、そういうときにこそ弁護士に守ってもらうべきだ。そうお考えの向きも多いに違いないが、容疑者として尋問を受けるときに弁護士がつきっきりというのはアメリカでは可能なようだが日本では難しい。自分の身は自分で守るしかないのだから、自分の脳幹もやはり自分で守るしかないと考えておくべきだろう。だが、いったいどうやって？

こういうときに参考になるのは、やはりプロの技法だ。しかし、長時間の尋問を受けても自白に誘導されないプロなど、いったいどこを捜せば見つかるのだろうか⁉

過酷な尋問を受ける可能性が高いのは、やはりスパイ、つまり秘密諜報員だ。アメリカならばＮＳＡやＣＩＡと呼ばれる国家機関があるし、イギリスにはＭＩ６、ロシアにはソビエト連邦時代のＫＧＢから引き継がれたものが生まれたという。その他、イスラエルの諜報機関や中国のものも耳にすることが多い。日本では旧帝国陸軍中野学校から引き継がれた組織が陸上自衛隊にあるようだが、表面上は師団を縦断した人材交流目的と称して運用されているため、現役自衛官でもその実態を知ることは難しいようだ。

このような諜報機関に属するスパイは他国に潜入して様々な情報収集や地下活動を行うため、潜入された国にとってはありがたくない存在だ。そのため、場合によっては公安関係の組織がそのスパイを逮捕監禁した上で、背後関係や行動の詳細を尋問することも多い。むろん、そのようなことも想定されているため、スパイとして送り込まれる諜報員には間違っても尋問による自白をすることがないように、あらかじめ訓練が施されていることはいうまでもない。

ここで、比較的簡単にできるものをひとつだけ紹介しておこう。

それは、取り調べでの強い口調による尋問の声が、脳幹網様体そのものに働きかけて活性化させてしまわないようにするため、大脳皮質でその声を声として認識しないようにする手法だ。つまり、日本語として意味のあるその声の内容に触れなくてすむように、あたかも外国人が外国語をしゃべっていて自分には雑音としか聞こえないようにしてしまう。そうすると、犯行の様子や背後関係など一切頭に残らないし、極度の恐怖感も絶望感も生じないため、脳幹網様体賦活系のスイッチが入ってしまうこともない。

確かに、ある程度慣れていないと、話しかけられる声の内容を言葉として認識せずに単なる雑音として聞き飛ばすことは難しいかもしれない。だが、日頃から口うるさい人達の話し声を無視したり、見たくもないテレビから流れてくる声を無視する練習をしていれば、ほとんどの人はさほどの努力をすることなしにできるようになる。さらには、言語を理解する働きを持つブロカ言語野と呼ばれる大脳皮質の一部が左半球、いわゆる左脳にあるため、左脳の働きを阻害し右脳の働きを優位にすることで話し声が雑音にしか聞こえなくなるという事実を利用する方法も考えられるかもしれない。

むろん、犯人に間違えられないように、常日頃から清廉潔白な言動を積み重ねておくのが一番ではあるが……。

再び剣術極意に

我々の目的は、精神物理学と脳科学によって明らかとなっている事実を理論的に組み立てることによって、武道の極意技法が脳組織における如何なるメカニズムによって具現されるのかを研究することにあった。そして、催眠術や洗脳、あるいはスポーツにおけるゾーン体験での精神的内面はどれも脳幹に支配された変性意識状態ではあるが、それらは脳幹網様体が選択した限られた感覚情報のみが伝えられた大脳皮質が生み出す偏った意識の集中によって増強された低次本能が表出していたにすぎない。

したがって、そのままでは大脳皮質を不活性化することによって高次本能という大脳基底核や脳幹支配の精神的内面を作る武道極意とは関連がないのだけれども、それらが武道極意に見られる精神的内面とは正反対に位置することから理論的考察の手がかりとなる可能性は大きいのではないだろうか。その意味で、脳科学における様々な実験的研究成果の中から、ゾーン体験や洗脳についていくつか典型的なものを紹介してきた。しかしながら、本当は暗闇となっている道端で落とした物を単に明るくて見やすいからといって離れた街灯の下で捜す愚は避けなければならない。

このあたりで、正道に戻ることにしよう。

目指すは、武道の極意技法を可能にする高次本能の起源が大脳皮質ではなく大脳基底核や脳幹にあるということを明らかにするだけでなく、それがどのような作用機序によって達成されるのかを見極めることにある。そのため、引き続きいくつかの剣術流派における極意について論じた上で、最終的に一刀流極意・夢想剣の実体を考察する。その上で、次には帯刀が禁じられた明治以降に広く普及していった柔術技法の中に夢想剣の極意が浸透していった結果生まれたと推察される、大東流合気柔術における「合気」と呼ばれる極意技法について論じることにしよう。

そこで、既に取り上げた夕雲流に立ち戻ろう。「赤ん坊になれ」と伝書に記すことで、高次本能に身を託すことの重要性を教えている剣術流派だった。二代目の小出切一雲が残した『夕雲流剣術書』によれば、初代針ケ谷夕雲は新陰流の上泉伊勢守の弟子であった小笠原玄信に師事し、その極意を授かった後に夕雲流を興したとされる。中でも、「八寸の延びかね」と「ぬけ」というふたつの極意技法については、極めて興味深い記述が多い。これについては、現代に夕雲流剣術を蘇らせ無住心剣術として研究している無住心会の近藤孝洋師範による明快な解説が『極意の解明・一撃必倒のメカニズム』(近藤孝洋著＝愛隆堂)にあるので、是非にも参考にしていただきたい。

まずは、「八寸の延びかね」と呼ばれる極意だが、これは小笠原玄信が一年間中国に渡り新陰流兵法を教えていたときに張良の子孫という中国人から習ったと伝えられている。その技法を用いるならば、相手は一瞬身動きができなくなってしまい、木偶《でく》人形のように立ち尽くすのみとなるという。その一瞬の間に太刀を振り下ろしていくなり突いていくなりすれば、相手は反撃はおろかかわすこともできずに倒されてしまうというわけだ。

なるほど、本当にそんなことができるのであれば、まさに鬼に金棒ではないか。映画やアニメの世界ではよくある、忍者が呪文を唱えながら九字を切ったとたんに相手の身体が動かなくなってしまう、いわゆる不動金縛りの術といってもよいだろう。むろん、忍術や呪術で金縛り状態にされるのは結構長い時間の設定になってはいるが、実際に刃を交える実戦では切っ先が移動するわずかコンマ何秒の間だけ動けなくなっているので充分。しかも、その間は相手の身体が動かないということは、相手が太刀を振ってくることもないわけで、こちらが斬られる心配はまったくないことになる。

それなら、日頃から刃をかいくぐる稽古を積んでいなくても、簡単に相手に接近して斬り倒すことができることになり、結局剣術の達人か否かはひとえに「八寸の延びかね」という極意を使えるかどうかにかかってくる。ましてや日頃から剣の修行に明け暮れている剣士の場合には、向かうところ敵なしの境地となるはず。

実際、中国から戻った小笠原玄信は上泉伊勢守の兄弟弟子に「八寸の延びかね」を試し、そのことごとくを破っただけでなく、柳生但馬守に挑戦したときには小野忠明のときと同様に対戦を避けられてしまったほどの強さを示している。その後も柳生宗厳など名だたる剣術の達人と試合をして、一度も負けていない。また、小笠原玄信からこの極意を授かった針ケ谷夕雲も五十二回に及ぶ他流との真剣勝負で負け知らずだったと伝えられている。

しかし、たとえ一瞬の間であっても、本当に敵の身体を動けなくすることなどできるのだろうか？　多くの皆さんが疑問に思われたに違いないが、ここではっきりしているのは「八寸の延びかね」が伝えられているのが剣豪小説ではなく、江戸時代に残された正真正銘の夕雲流伝書だということ。そこに記された極意技法に偽りがあったならば、その伝書を受け継いで修行に明け暮れた剣術家の多くが真剣勝負に負けて命を落とすことになってしまうのだから、まずそこに虚偽が書かれるとは思えない。ということは、「八寸の延びかね」によって、本当に敵の身体はわずかの間まったく動けなくなってしまうと考えるべきではないだろうか。

そうすると、現代の脳科学で明らかとなっている多くの事実の中から必要なものを取り出して組み合わせることで、敵の身体を一瞬の間だけ動けない状態にもっていくことができる可能性を見出すこともまた、精神物理学に課せられた使命ということになりそうだ。

錐体路と錐体外路

はたして、たとえ一瞬といえども相手の身体が意志に反して動かなくなってしまうことなどあり得るのだろうか？

これを解明するための足がかりとして、まずは自分自身が不意に身動きできなくなってしまうことがあるかどうか考えてみよう。そうすると、僕自身にもいくつか思い出す場面があるし、おそらく他の人達も多かれ少なかれ似たような体験をお持ちではないだろうか。たとえば、それまで下手な肉筆の文字を連ねて手紙を書いていたときなど、よく使う漢字ならば無意識でスラスラと書けていたにもかかわらず、不意に手紙の内容から意識が離れてしまったのに文面だけは書き続けようとして次の文字を漢字で書こうとするのだが、これが途中で止まってしまう。

「まてよ、この漢字はどんなものだったたっけ」

そう自問すればするほど、思考も指先の動きも止まってしまう。むろん、数秒後にはちゃんと思い出して、再び筆を走らせることができるのではあるが。

似たような経験としては、こんなものもある。いつも使っている機械装置を動かすとき、ある程度複雑な手順を踏むものであってもたいていは間違いなくスッと使い始めることができるし、慣れてくるとまったく意識にも上ってこない状況で使いこなしている。にもかかわらず、あるときふと装置を動かす手順について意識が向いてしまったならば、あれほどスムースに手順どおりに動いていた手先が急に止まってしまい、一瞬の間ではあるが身体が強ばったかのように次の動作を生むことができない状況に落ち込んでしまう。

また、いつも通勤や通学に使う駅の長い階段を下りていくときなど、普通ならば何も考えずに足下を見てポンポンと苦もなく降りられるはず。ところが、その同じ階段をいつものように降りていくときであっても、途中でふと遠くの張り紙が目に入ったとか、不意に抜かしていった人に意識が向いてしまったときなど、ハッと思った次の瞬間に足を送り出すことができなくなり階段の途中に立ち尽くしてしまうことがある。

さらには、いささか特殊な状況ではあるが、学校の体育の時間に普通の床の上なら細いラインの上を踏み外すことなくまっすぐに歩けていたにもかかわらず、いざ地上四十センチメートルほどの高さの平均台の上に乗った瞬間、歩こうと思ってもなかなか身体が動かず最初の一歩が出せないでいたこともある。

人間は二足直立歩行することで前足を腕として独立に機能させることができるようになっただけでなく、体重を支える役割から解き放たれた手首が大きな自由度と繊細で滑らかな動きを勝ち得たことで大脳皮質前頭葉が高度に発達し、知能を大幅に向上させることができた。人間は考える葦である前に、二足歩行する地球上で唯一の哺乳類なのだ。むろん、チンパンジーやゴリラ、さらには飼い慣らされたレッサーパンダや犬などが二足歩行する場面があるが、そのような動物は一時的な二足歩行を見せるだけで、人間のように長時間安定して二足歩行することはできない。

そしてまた、日々あたりまえのように無意識に二足歩行を行っている我々人間にとって、ほとんど意識に上らない身体運動が二足歩行運動だともいえる。つまり、我々は成長過程で身につけた二足歩行運動を、日常生活の中における移動目的のために無意識に利用しているのだ。

歩行運動自体は身体各部における骨格筋の随意運動によって実現されてはいるが、長年にわたって空間移動という目的意識からは切り離された運動として使われてきたために、大脳皮質運動野からの錐体路を介した神経支配ではなく小脳や脳幹も含めた脳の広範な組織の協同的な働きによる神経支配を受ける身体運動となっている。後者の神経支配を錐体外路系神経支配と呼ぶが、「錐体路」という神経組織が実際に存在するのに対し、「錐体外路」は単体の神経組織としては存在しないことに注意しなければならない。ただし、大脳皮質と脳幹や小脳にわたる広範な脳組織の働きを中継する大脳基底核が錐体外路の神経組織と考えることはできる。その意味では、錐体外路系神経支配を大脳基底核支配と理解することも可能だ。

実際のところ、我々は歩行しながら深い思索にふけることもできるし、両手を使ってかなり複雑な作業をすることもできる。あるいは複数の人間が一団となって互いに真剣に議論しながらでもどこかの目的地へと向かって無理なく歩き続けることも可能だ。この事実は、まさに日常的な二足歩行運動が大脳皮質の働きに影響されにくい錐体外路系の神経支配によるものであることを物語っている。

ところが、たとえば二足ではあっても歩行ではなく走行の場合には異なってくる。同時に何かを考えたり他の人と議論したりすることが走行動作の重大な妨げとなることは、誰でも経験したことがあるだろう。あるいは、ゆっくりとした歩行ではあっても、足下が悪く大脳皮質運動野の働きによる錐体路系の制御を必要とする場合には、走行運動と同じくとても同時に思考したり会話したりすることはできなくなる。

先程の平均台の話に戻ろう。床に引かれたライン上に立つ場合も平均台の上に立つ場合も幅は同じであることから、どちらの場合も二足歩行についての難易度は同じ程度であると考えられる。ところが、実際に二足歩行をしてみると、明らかに大きな違いが出てくる。ライン上ならば素早くまっすぐに歩くことができるにもかかわらず、平均台の上ではフラフラと左右にふらついて次の一歩をなかなか送り出せない。つまり、足や身体が強ばってしまい、歩く動作に入りたくてもなかなかできないわけだから、一瞬の間身体が動かなくなったともいえる。

ラインの上に立つときにはラインの外の床には足を乗せないのだから、ラインの外の床は無用の長物。ところが、いざラインの外の床が消えてしまい、ラインがまるで平均台のようになったとたん、それまで素早く二足歩行できていた人間が急に足を運ぶことができなくなってしまう。ラインの外の床は無用ではあっても、やはり必要なものということになるのだ。まさに、「無用の用」という中国の故事そのもの。

しかし、いくら有名とはいえ故事と照らし合わせる理解では雰囲気は伝わってくるが、真の理解とはいえない。そこで、二足歩行のための身体制御機構について踏み込んで考察しておく必要が出てくる。

ラインの形状も幅も同じなのだから、もしラインのときも平均台のときも二足歩行する身体制御機構が同一であれば、平均台の場合でも素早く滑らかに歩いていられるはず。だが、平均台の上を歩く場合にはそうはならない。ということは、平均台の上を歩く場合と床のライン上を歩く場合とでは、異なった身体制御機構が用いられていることになると考えられる。

実は、平均台の上に足を前後にして二足歩行するという状況は非日常的なものであり、多くの場合初めてあるいは何年ぶりかで行う慣れない身体運動となっているはずだ。このように、慣れない身体運動を初めてあるいは久し振りに行うときには、大脳皮質前頭前野にある運動野から出された神経信号が錐体路を経由して上体及び下肢の筋肉を意識的に制御することになる。ところが、床に引かれたライン上に足を前後にして二足歩行するという状況は、地面や床面を普通に歩くという日常的な状況と変わりないため、いつもと同じに無意識で身体制御する手法のままで歩くことができる。つまり、小脳や脳幹、延髄から出された神経信号が錐体外路を経て上体と下肢の筋肉を意識することなく制御している。

ということは、床上のライン上を苦もなくまっすぐに素早く歩くことができている人が急に平均台の上を同じ速さで歩かなくてはならない状況になったとき、それまでの錐体外路系神経支配による二足歩行の身体運動から新たに錐体路系神経支配によるものにスイッチが切り替わることになる。錐体外路による歩行動作自体は無意識に行われていたのだが、平均台に登るところから慣れていない身体動作をするために身体制御が錐体路に変わっていく。そのとき、前頭前野の運動野の働きで身体各部の動作が組み合わさるのだが、周囲の危険な状況に対する警戒心なども大脳皮質の活性によって生み出されるため、大脳皮質が最終的に次の動作を決定して制御を始めるまでに時間を必要とする。

これが、平均台に登ってから二足歩行動作をしようとするときに、一瞬身体が固まって動けなくなる理由だ。つまり、身体運動を制御する神経支配のスイッチが錐体外路側から錐体路側に切り替わることにより生み出される身体制御の空白時間の存在による。

平均台の場合だけでなく、慣れてほとんど無意識に操作できる機械装置であっても、ふと装置を動かす手順について意識が向いてしまった瞬間に身体が強ばって次の動作ができなくなることも、あるいはいつも使う長い階段を下りていくとき、ハッと思った次の瞬間に足を送り出すことができず階段の途中に立ち尽くしてしまうことも同様だ。それまでの錐体外路系神経支配のスイッチが、何らかのことがきっかけとなって錐体路系神経支配へと切り替わることが原因といえる。

むろん、この場合に一瞬の間意志に反して動けなくなるのは自分自身の身体であって、試合で挑んでいる敵の身体ではない。そのため、敵の身体がわずかの間まったく動けなくなってしまうという夕雲流の極意「八寸の延びかね」とは無関係のように思われるかもしれない。だが、そうではない。

敵の身体も自分の身体も、脳組織やそれを筋肉組織とつなぐ神経組織の構造や働きという面からは、まったく同一のものでしかない。つまり、身体運動を制御する神経支配のスイッチが錐体外路側から錐体路側に切り替わることにより生み出される身体制御の空白時間の存在は共通のものだ。

換言すれば、敵の身体運動制御系のスイッチを錐体外路系から錐体路系へと切り替えてやりさえすれば、敵の身体は一瞬の間だけではあるが身体制御の空白によってまったく動けなくなる。

では、どうやれば敵の錐体外路系スイッチを切ることができるのだろうか？

相手の錐体外路スイッチを切る

夕雲流剣術奥義「八寸の延びかね」のように、太刀を交えようとしている相手の身体を一瞬の間だけ動けない状態に誘導することができる可能性を精神物理学の観点から探っていくのだが、ここでは相手の錐体外路系のスイッチを切って錐体路系に移行させる技法について見ていこう。錐体路系の身体運動制御に切り替わるときに生じる身体制御の空白時間を利用するわけだ。

相手もまた剣の修行を積んできているため、たとえ流派は違っていても様々な構えから打ち込んでくる太刀筋に対しては通常ならば無意識のうちに身体が反応する錐体外路系の身体制御によって応戦してくる。そのため、一方的に相手を斬り倒すことは難しい。

そこで、相手が何らかの思考を始めることで錐体路系の身体制御に切り替わる瞬間を狙って斬り込んでいくことが考えられるが、そのような手法であるなら柳生新陰流などの伝書にもあるようにわざと隙を作ってそれを相手に意識させるように仕向けることで足りる。現代剣道にも継がれている、わざと相手が小手を打ってくるように隙を見せ小手打ちにきた相手の小手を打つ、いわゆる「誘い小手」

や「引き小手」の技にも活かされている。あるいは、相手に向かって突然に奇声を発することで思考が生じるように仕向ける技法もまた、気合を入れるなどという名目で多用されてもいるようだ。

だが、このような文字どおり小手先の技法ならば、どの流派の剣術稽古においても常日頃から実践を心がけているはずであり、相手は錐体外路系の身体制御のままで無意識に「誘い小手」に対する適切な防御運動をしてしまう。そのため、錐体路系の身体制御に切り替わるときに生じる空白など、生まれるはずもない。

では、剣術修行を積んだ対戦相手であっても、その身体運動制御が錐体外路系から錐体路系に切り替わるほどに相手の意識を誘う方法があるのだろうか？

小出切一雲が著した『夕雲流剣術書』と『天真獨露』だけでなく、後に川村弥五兵衛によって編纂された夕雲流の伝書に『無住心剣辞足為経法集』があるが、そこに記されている重要な一文を現代文に変えて引用しておく。

■「我が流においては、敵に対して太刀を引き上げるとき全身全霊全力で行うため、敵はこちらの動きをただ見つめるだけとなってしまう」■

つまり、相手に斬りかかろうとして下段や中段に持っていた太刀を上段に構えるとき、夕雲流以外の流派では振り下ろす速さよりは遅い速さでしか太刀を振り上げることはないが、夕雲流ではそれをあえてまるで自分の背後に立つ敵を勢いよく峰打ちで倒すように極端な速さで真剣に振りかぶる。すると、相手はその振りかぶった姿を見て身動きもできなくなるというのだ。

たとえ一瞬ではあっても、相手がこのように固まって何の動作もできなくなるのであれば、振り上げた瞬間の反動を利用して太刀を勢いよく振り下ろすことによって必ず相手を斬り倒すことができるのは明白だろう。しかも、振り下ろす動作によって太刀そのものが敵の身体めがけて飛んでいくように投げつけるのだが、刀の柄を持っている手は決して離さず、軽く持ったままでも刀が自然に勢いよく飛んでいくように刀と同じ速さで自分の身体を前に進めるという裏技までもがあるのだから。

では、この伝書にあるような振りかぶり動作によって、何故相手の動きが止まってしまうのだろうか？

江戸時代から伝わる剣術伝書や武道の専門家による研究の中ではこの現象はもっぱら「気」と呼ばれる概念によって、以下のように説明されてきた。そこにおいて、「気」とは「雰囲気」や「気配」あるいは「気分」といった単に感覚的な想像上の概念ではなく、身体組織の内外にあって生命力を発揮する人間の基本的な非物質的構成要素と考えられている。特に、我々人間が様々な動作をしようとするとき、まずは先に「気」が動くのにつられて身体組織が動いていくと理解されている。

剣術の修行を積んだ者同士が互いに太刀を構えて相対するとき、既にそれぞれの気は相手の気と拮抗したり、包含あるいは融合したり、場合によってはすり抜けるなどして絶えず変化している。このとき、自分の気を相手の気に癒着するように合わせる気の技法を夕雲流では「合気」と呼んでいるが

（『天真獨露』参照）、いったん「合気」の状態を作っておいてから自分の気を急激に自分の後方に移動させる。そのためには、あたかも自分の後にもう一人の敵がいると思って気力、精神力、体力のすべてを総動員して、前に構えていた太刀を頭上に振りかぶるかのように後方を突いていけばよい。気というものは、全身全霊の勢いでやっと流れていくものだから。

そうすると、自分の気が後方に流れていくだけでなく、合気によって癒着していた相手の気もまた癒着したまま引っ張り込まれ相手の身体から前方に向かって流れ出てしまうことになる。即ち、相手の身体から相手の気が抜かれるようにして強制的に分離されてしまうことになるのだ。そして、気が抜かれてしまった相手は、気が再び戻ってくるまで自在な動きができない。これが、気の概念を用いた剣術極意「八寸の延びかね」の作用機序に他ならない。

ところで、気については特に鍼灸治療で利用される経絡理論などの中枢を担うものとして、たとえばそれが遠赤外線やマイクロ波といった特殊な微弱電磁波として、あるいは生物組織から発せられるバイオフォトンと呼ばれる超微弱光として計測されたという程度の科学的研究はなされてきたが、現状では気というものの存在はいまだ空想の域を脱してはいない。したがって、そのような気の概念を持ち出して「八寸の延びかね」の理解に達したとしても、とうてい真に解明したことにはならない。

精神物理学においては、相手の身体を一瞬の間だけ動けなくする剣術極意「八寸の延びかね」の技法の作用原理について、相手の錐体外路系の身体制御が錐体路系の身体制御に切り替わるときに生じる不可避の空白時間の存在に帰着させることを考えていく。そして、相手がそれまで修行をしてきた他流の剣術においては、持っていた太刀で斬りかかっていくために上段に構えるとき、振り下ろす速さよりも遅い速さでしか太刀を振り上げることはないという事実に着目する。

相手が錐体外路系の身体制御で無意識に反応することができるのは、その流派で長年稽古してきたために慣れている状況に限られる。つまり、太刀を打ち込んでいくために普通に振りかぶる程度の速さで振りかぶるのであれば錐体外路系支配のままとなるが、背後に立つ敵を勢いよく倒すかのような勢いと速さで振りかぶるときには、その様子を見ていた相手にとっては初めて遭遇する状況となり、結果として錐体外路系のスイッチが切れてしまう。すると、相手の身体運動制御は大脳皮質による錐体路系の神経支配となるが、その制御動作が発動するまでに空白が生まれるだけでなく、錐体路系制御は錐体外路系制御に比べて時間がかかってしまうことになる。そのため、初めて目にする異様な振りかぶりを前にして、相手は一瞬身動きができなくなるのだ。

これが、夕雲流剣術極意「八寸の延びかね」の作用機序に他ならない。

相手が修練によって身につけた錐体外路系、即ち大脳基底核支配による無意識の反応スイッチを切ってしまい、大脳皮質支配による意識で反応する錐体路系へと誘導してしまうというもの。

ぬけ

夕雲流の極意「八寸の延びかね」は、初代針ヶ谷夕雲が新陰流の上泉伊勢守の弟子であった小笠原玄信から授かったものであるが、もうひとつの「ぬけ」と呼ばれる極意技法は針ヶ谷夕雲自身が禅僧虚白和尚の下で参禅することによって最後に見出したとされる。むろん、既に述べた如く禅の修行を深めるにしたがい、「赤ん坊のような自我意識のない内面に達する」ことを夕雲流の極意とするようになってきてはいたが、最終的に到達した境地はそのような無垢な内面である本心すら捨て去り、すべて仏の慈悲にすがるというものだった。

即ち、無住心会・近藤孝洋師範の言葉を借りるならば

「一切を神に全託した者は、神が自らその者を守り、敵の太刀筋を外す」

のが「ぬけ」という究極の極意に他ならない（『無住心剣術』近藤孝洋著＝月刊秘伝二〇〇九年三月

号特集)。確かに、「赤ん坊のような自我意識のない内面に達する」という剣術伝書の表現であれば、精神物理学や脳科学の枠組の中でそれを「大脳皮質を不活性化することによって高次本能という大脳基底核や脳幹が生み出す精神的内面を作る」と理解することもできた。だが、こうして達成できた無垢な内面も捨て去って神仏に委ねるという究極の極意に至っては、もはや精神物理学の適用範囲さえも超えて形而上学的な高みへと跳躍してしまうのではないだろうか?

それとも、すべてを神仏に委ねるという精神的内面もまた、赤ん坊のような無垢な精神的内面を大脳皮質が不活性化した大脳髄質支配の精神的内面と同定したのと同様に、脳組織における何らかの作用機序によって生まれるだけのものなのだろうか?

確かに、既にご紹介したニューバーグとダギリによる宗教的体験についての脳科学の実験的枠組からの研究においては、カトリック修道者の祈りや禅僧の瞑想によって神や仏との結びつきを得たときの脳組織では、自他を分別する感覚情報を脳全体に発信している頭頂葉上後部神経束が不活性となることが見出されている。ということは、赤ん坊のような自我意識のない精神的内面にとどまらず、そこからさらに自他を分別する感覚をも取り除くことができたときに生ずるすべてを神や仏に委ねる自他融合の精神的内面において、究極極意である「ぬけ」が可能となると考えることもできる。

だが、それでも判然としないのは、そうやって実現される「ぬけ」の効果が「神が自らその者を守り、敵の太刀筋を外す」となっている点だ。まあ、「神が自らその者を守り」というのは単に後から解釈して主観的につけ加えられたとして無視することにしても、「敵の太刀筋を外す」という表現をそのまま鵜呑みにすることは難しい。何故なら、振りかぶった太刀を打ち込んでくるのは自分ではなく相手であり、したがって自分の脳組織の活性を自己制御することで精神的内面を極めて特殊な状態に移行させることができたとしても、それが実際に自分めがけて振り下ろされている相手の太刀の軌道を変えるなどという結果につながるとは思えないからだ。

とはいえ、夕雲流の伝書『無住心剣辞足為経法集』に記された如く、初代針ヶ谷夕雲は生涯を通じて他流との真剣勝負を五十二回も行い、すべてに勝ちを収めていたという。その中で極意「八寸の延びかね」を使って勝った試合と究極極意「ぬけ」によって勝ちを得た試合がどの程度あったのかまでは不明だが、生涯負け知らずの戦果を得ていたという事実からは、「ぬけ」によって「敵の太刀筋を外す」ことができるという可能性を真剣に考察していく必要を強く感じてしまう。

にわかに信じがたいことではあるのだが……。

思えば、一刀流の開祖伊藤一刀斎が小野忠明に授けた一刀流の極意「夢想剣」を精神物理学の考え方によって解明するため、剣術諸流派に伝わるいくつかの極意技法についても脳科学における様々な実験研究の成果に照らし合わせながらその作用機序について見てきたのだった。その結果、ついにはとうてい信じられないような剣術極意までもが存在するという事実に辿り着く。

当然ながら、ここで大いに困惑すべきなのだろうが、他の剣術流派の極意を調べていくと事態はさらに驚くべき方向へと突き進んでいくかのようだ。何と、南北朝時代に生まれ禅僧でありながら剣術を修行した念阿弥慈恩が興した剣術流派「念流」の伝書『念流正法兵法未来記』によると、「過去の術」

と呼ばれる念流の極意を使えば敵がこれからどのように攻めてくるかを事前に察知できるため、無敵の魔法と恐れられたというのだから。つまり、慈恩は未来に生きているため敵はすべて過去にしか存在せず、したがって敵の動きを完全に読むことができるのだ。

しかも、後に柳生新陰流にまでつながっていく新陰流は、この念流から分派した陰流を学んだ上泉伊勢守秀綱という室町時代末期の剣術家が興したものだし、剣聖と謳われる宮本武蔵の剣術技法の基本も慈恩の弟子の一人が興した宝山流剣術・十手術の達人だった父・無仁斎から受け継いだともいわれている。

夕雲流の極意「ぬけ」だけでなく、念流の極意「過去の術」の伝書記述を見ても、実に摩訶不思議な無敵の剣術技法が実在したと思われるのだが、その両者に共通するのはそれがまるでSF映画やファンタジー活劇に登場する超能力戦士が操る技であるかのような点だ。当然ながら、そんな極意など本当は存在せず、ただ弟子達が後世に始祖の偉業を讃える目的で空想しただけのこと……。多くの武道家は、当然ながらこのような否定的見解を持つはずであり、それを聞いた科学者の多くが溜飲を下げることと間違いない。魔法や超能力などといった非科学的なものが武道に入り込むことなど、あり得ないはずなのだから。

だが、偏見と誤解を恐れることなく、「ぬけ」や「過去の術」といった究極の武道極意について最新の脳科学研究の成果から明らかにするという離れ技を示した日本人空手家がいる。これについては、節を改めてご紹介することにしたい。

虚に振り回される意識

長年フルコンタクト空手を修行してきた空手家が、あるとき打撃系格闘技については素人同然の人間と自由組み手を行ったのだが、何の構えもせずにフラッと立っているだけの相手に放った自分の突きや蹴りがことごとくかわされ止められてしまった。しかも、本来ならば蹴りを受け止めた相手の腕はそのまま折れるほどの威力があったにもかかわらず、相手はほとんど鍛えてもいない細い腕で簡単に止めているし、最後のラウンドでは指二本で止めてしまった。

さらには、相手の隙が見えているにもかかわらず続く第二打を出す自分の手足の動きがまるでスローモーションのようになってしまい、どうにも突いたり蹴ったりすることができずにもがいている間に投げ倒されてしまったのだ。盤石な態勢が崩されていたわけでもないというのに。数日後、自分が受けたその不思議な技の効果に対する驚きが興味へと変わっていったとき、ふと面白いことに気づいた。

普通であれば絶対にかわせないほどの切れ味鋭い蹴りがかわされた上に途中で止められたとき、相手は涼しい顔のままで常に余裕を見せていたし、明らかに第二打が放たれたならばまともに突き蹴りを喰らってしまう位置にもかかわらず平然と立っていた。そして、そんな隙だらけな相手の身体に実際に膝蹴りや肘打ちを放とうとしても、何故か身体がなかなか動かず拳や膝を送り出すことさえスローモーションでしかできなかった。そんな驚愕の事実を説明するには、相手の時間と自分の時間が完全に食い違っていたと考えるしかない!

むろん、時間が異なるということは、ひとつには時間の進む速さが異なるということを意味するし、また時間が前後してずれているということも意味する。そして、空手家が感じた時間の食い違いとは後者のこと、つまり自分が生きている時間よりも未来の時間に相手が生きているのではないかという感覚だった。未来に生きている相手から見れば、空手家は過去にしか生きておらず、したがってその動きのすべてを過去のこととして知ることができているのだから、空手家が送り出す突きや蹴りを完全に封じることもできよう。また、過去に生きている空手家が未来に生きている相手に向かって突きや蹴りを放とうと思ったところで、それはとうていかなうことではないのも明らかだろう。共通の時間が流れる同じ世界に生きているわけではない相手は、その意味で実体のない存在でしかないのだから。

しかし、普通の武道家ならばそこまでの考えに辿り着いたことで満足し、そんなSFじみた空想物語についてはすぐに忘れてしまうだろう。だが、この空手家は自分の考えに対する脳科学研究による裏づけが存在することまでも見出してしまうほどに、理性に裏づけられた熱意と探求心を秘めていたのだ。そして、突き動かされるままに書店や図書館を巡っていたときに手にしたのが、アメリカの脳科学者ベンジャミン・リベットが著した『マインド・タイム』（岩波書店）だった。

マインド・タイムつまり「心の時間」というタイトルからすると、そこには我々が内面で感じている時間についての脳科学的な研究成果が紹介されているに違いない。そう直感した空手家が精読していくうちに、とうていにわかには信じられないようなことまでもが書かれていた。しかも、それは理論的考察だけによる推察の結果得られたものではなく、リベットが実験によって発見し脳科学界で大いに注目された事実なのだ。その要旨は、次の二点に集約される。

一．我々の脳は各感覚器官からの刺激を分析し意識に上らせるのに0.5秒かかっている。しかし、その刺激を意識に上らせる際に脳組織は時間的に逆行し、さもその刺激を受けたと同時にそれがわかっていた如く意識を捏造する。

二．我々が何らかの行動をするように欲するとき、自分がそう思ってから行動しているように誰もが信じているが、実は脳組織が無意識下にその行動を行う準備をし、それが終わってから「それを行いたい」という意思を意識化させているにすぎないのであり、そこにも0.5秒かかっている。

このように、人間が外部からの刺激を意識するためには脳組織が0.5秒の間働く必要があるが、脳組織はその0.5秒の空白がなかったかのように意識を組み立ててしまい、そのため誰もが自分は外部刺激が及んできた瞬間にそれを意識したと思い込んでしまうということは、実は我々人間の意識では原理的に本当の「今」を認識できないということを意味する。つまり、我々が今現在だと認識している世界は0.5秒という短い時間ではあっても既に過去となった世界に他ならないのだ。

むろん、自分一人だけが0.5秒前の過去に生きているのであれば様々なところで矛盾や不具合が表出してくることになり、その結果自分が本当の「今」を認識できていないということに気づくはず。ところが、自分だけでなくすべての人間が0.5秒前の過去に生きているだけでなく、全員がそれを「今」だと認識しているため何ら問題は生じない。つまり、全人類は一人の例外もなく脳組織によって捏造された偽りの「今」に生きているのだ。

0.5秒というと普通の生活の中ではホンの一瞬のように感じるため、このように捏造された「今」も本当の「今」もそれほど変わりはないと思えるかもしれない。だが、1秒の半分の時間があれば、向かい合っている相手に手元の太刀を振り下ろすこともできるし、拳銃などの飛び道具を使えばずっと離れている相手でも倒すことができる。つまり、武道で想定されるような場面においては、この0.5秒の空白の存在が大きな意味を持ってくることになるはず。

こうして、空手家は次のことに気づいた。人間の意識が脳組織の作用機序の特性により本当の「今」を認識できないということは、普段の我々の行動や武道格闘の攻防に至るまで、それが意識的に行われる以上「過去」の出来事でありながら、そう思わず「今」の出来事だと集団で思い込む一種の「約束事」になっているということを。ということは、この「約束事」を破って人間の意識に不可避の集団的思い込みに全く取り合わない掟破りの動きをすることができたとしたら、その者だけは本当の「今」に生きることになり「約束事」に従っている他の人間から見れば0.5秒後の「未来」に存在する。逆にその者から見れば、他の人間はすべて0.5秒前の「過去」に存在するため、すべての動きを完全に「予見」できていることになる。

もしも、剣術などの武道でこのようなことが可能となったならば、それこそ禅僧慈恩を始祖とする剣術「念流」の極意「過去の術」も夢物語ではなくなってくる。つまり、慈恩は敵から見ると0.5秒後の未来である本当の「今」に生きているため、敵の動きを完全に読むことができるのだ。

この驚愕すべき、しかし脳科学における最新の実験的研究成果に裏づけされた武道極意の作用機序については、空手家自身による解説が前著『唯心論武道の誕生——野山道場異聞——』(保江邦夫著＝海鳴社)の巻末付録にある。是非にも目をとおしていただければと願う。

掟破りの体験

ところで、人間の意識が脳組織の機能限界によって本当の「今」を認識できず、意識的に行われるすべての行動もまた0.5秒過去に遡った出来事でありながら、それを偽りの「今」の出来事だと集団で思い込むという「約束事」を破って掟破りの動きをすることが可能なのだろうか。つまり、大脳皮質が生み出す意識をとおしてしか外界認識や外界への働きかけができない人間が、いったいどのようにすれば意識を経由せずに物事の実相を直観することができるのだろうか。それができたとしたら本当の「今」に生きることになり、「約束事」に従っている他の人間から見れば0.5秒後の「未来」に存在することができるし、逆に他の人間はすべて0.5秒前の「過去」に存在するため、すべての動きを完全に「予見」されてしまう。

禅僧慈恩が興した剣術「念流」の極意「過去の術」を使うための技法そのものについては、伝書『念流正法兵法未来記』にも記されてはおらず既に失伝してしまっている。そのため、このような掟破りの動きをもたらす精神的内面がどのようなものであり、また如何なる手法によって実現されるかについては手がかりさえ残されていないようだ。やむを得ず他を探ってみても、「念流」以外の武道流派には関連するような極意は皆無。

ということで、武道以外の領域にまで視野を広げてみることにしよう。プロバスケットボールチームのボストン・セルティックスのスター選手が経験したゾーン体験においては、チームメイトがボールをパスしてくる位置とタイミングを完全に予知することができたと報告されていたのだった。バスケットボールの素早いパスであれば、ボールの飛翔時間は0.5秒以内の程度であるため、ゾーン体験でパスを予知できた選手は意識をとおさずに周囲の状況を把握することができる掟破りの動きに身を任せていたと考えるとつじつまが合う。つまり、ゾーン体験を誘発するような内面技法によっても、この掟破りの動きが可能となるのかもしれない。

だが、残念なことに確実にゾーン体験をもたらす技法については、いまだに何も解明されてはいないのが実状だ。

では、その他のところで何らか意識による外界認識に不可避の0.5秒という空白の存在に気づくことができ、そこから本当の「今」に生きる掟破りの動きを具現することができた事例があるのだろうか？　意外にも、その答はごく身近なところに見つけることができた。そう、まずは僕自身の経験の中に。

むろん、かなり以前からそのことについて気づいてはいたのだが、単なる僕だけの気の迷いか思い込みとしか考えていなかったため、深く顧みることなどはなかった。それが、意識の中で外部感覚を認識するために0.5秒間という決して一瞬とはいえないほどの時間が脳組織によって浪費されているという事実を知ってから、ふとその記憶がありありと蘇る機会が増えてきていた。さらには、そうなってから同じ体験をする機会に恵まれたときにも、自分自身ではっきりと確認できたのだ。

それは、壁掛け時計でも腕時計でも同じだが、クォーツ式のアナログ時計で秒針が1秒刻みにカチッと飛び飛びに移動する形式の時計についてだ。時計など見るつもりもないときに、たまたま視界に時計の盤面が入ったためにふと何気なく時計の針に意識を向けた最初のとき、自分の頭の中では1秒間が経過したために秒針がカチッと動くのを期待していても何故かなかなか動かず、実際には2秒とまではいかないがそれでも1秒よりはかなり長い時間間隔を経てやっと動くという……。そして、いったん動き始めたならば、後は自分の頭の中で1秒が経過するのに合わせて秒針もカチッカチッと飛び飛びに動き続けていく。

この現象に初めて気づいたとき、僕はてっきりその時計の電池が弱っていて秒針送りが遅れているのかと思ったのだが、見ていると秒針はすぐに正確に1秒間隔で飛び移るようになるため気のせいだったということで納得した。だが、一ヶ月に一度くらいはこの同じ現象に遭遇することがあるため、そのうちには時計の電池が弱っていたのがたまたま僕が秒針を見つめる状態になったために電池のパワーが復活したのかもしれないなどという、かなりぶっ飛んだ理解で無理やり収拾をつけようとしたこともあった。だが、電池を新品に替えたばかりの時計でも同じ現象が起きることもあったために、結局はうやむやにしたまま。

そうしているうち、この現象が起きるのは必ず意図的でなく時計を見やったときだけに限られ、最初から時間を知ろうとして時計の盤面に目をやったときには秒針は最初から1秒以内に動き始めることにも気づいた。つまり、意識的に時計の盤面を認識するときには秒針の進み具合にはおかしいところは何もないのだが、まったく意図しないで偶然に視界に入ってきたために何気なく時計を認識し始めたときにだけ、秒針の最初の一飛びに要する時間が1秒間よりも長い場合があるのだ。

本来ならば、明らかに見間違いや気の迷いによる錯覚として片づけられることになったのだろうが、幸いにも空手家が見出したリベットによる脳科学研究の画期的な成果を伝え聞いていた僕は、しばらく経ってからふとこの時計秒針の現象が意識の中で時計の秒針の位置を認識するためにも0.5秒間が必要になっているためではないかと気づいた。むろん、意識を生み出す大脳皮質などの脳組織があたかも時間差なしに外界を認識できているという印象を捏造しているために、意識的に時計の秒針を見ているときには何らおかしな現象は表出してこない。

ところが、最初のうちは時計を見ようなどとはまったく意図せずに行動していて、たまたま何かの拍子にふと時計の盤面に注意を向けたときにはまだ秒針の動きについての認識が捏造されていないため、最初の0.5秒間は秒針の現在位置は見えていないはず。即ち、時計の秒針を認識しようとした瞬間から0.5秒の間は秒針そのものを見ることができないため、最初に秒針が1秒目盛りだけ動いたと認識できるのは空白の0.5秒を過ぎてから1秒間経った時点となり、結局1.5秒程度で最初の1秒目盛り分を秒針がジャンプするように認識される。

このことから、意識による外界認識に不可避の0.5秒という空白の存在に気づき、自分自身の脳が捏造した0.5秒だけ過去に位置する嘘の「今」から逃れて本当の「今」に生きていくようになるための掟破りの動きというものは、外界の認識を意図する気持を完全に捨て去った夢遊病者のような行動ではないかという考えに辿り着くことができた。もちろん、僕自身の個人的な体験だけから結論づけるのは説得力に乏しいため、機会あるごとに似たような事例がないかを周囲に問いかけていったのだが、ごく短期間のうちに他に三例を集めることができた。

まず一人目は物理学者で、日頃から町中を歩いているときも頭の中では難しい物理理論についての考えを巡らせていることが多いという。そんな物理学者が、どこかの交差点を曲がったとたんに前方の道路脇の街並みの先に近郊の山が見えるようになったとき、だいたいいつも0.5秒程度の時間が経過してから山の中腹にいくつかの建物が現れてくることに気づいた。最初は単に緑の山のようなものが街並みの背景にあるという印象しかなく、山が目に入ってきてから「あんなところに山があるのか」と気になって注意を向けていてもしばらくの間は山の中腹には何も見えない状態が続いていたという印象もあるそうだ。

一回や二回なら何かの勘違いかと思ったのかもしれないが、似たような状況で遠くの山々の景色が飛び込んできた瞬間には見えていなかった建築物が0.5秒程度後に山の中腹に現れてくるという現象が頻繁に起きてきたときには、自分の脳組織の一部に欠陥があるため建物認識だけに余分に時間がかかるのかもしれないとまで考えるようになっていた物理学者から聞いたこの話は、まさに意識による外界認識に不可避の0.5秒という空白の存在に気づかせるのにうってつけの事例だ。そして、その空白の存在を浮き上がらせることができる精神的内面が、いつも通い慣れた町中を歩いているときに大脳皮質が生み出した意識では高度な物理理論を思考していたときに作り出されていたという事実も明らかとなった。

つまり、意識的に物理理論を思考するために大脳皮質が活性化されていたため、その間に町中を歩いていくという身体運動の部分については大脳皮質の運動野ではなく、小脳や脳幹などが制御を司る錐体外路系神経支配となっていたと考えられることになる。それが、脳による嘘の「今」の捏造によって作られた虚構の世界を打ち破る「掟破りの動き」を解明する手がかりになるのだ。

この物理学者が難解極まりない物理理論を考えているのは、むろん町中をボンヤリと歩いているときだけではない。大学の雑用が飛び込んでこない深夜の研究室もまた、誰にも邪魔されずに思考を深く掘り下げていくことができる最適の場所となる。そして、そこでもまた不可思議な現象に出くわしてしまったのだ。これが二例目の事例となる。

研究室には二十四時間電源を入れっぱなしにしてあるパソコンやワークステーションが置いてあり、電子メールが着信したときには単純なチャイム音が一回だけ鳴って知らせてくれる設定になっている。日中に雑用をこなしているときにも、また深夜に物理理論について考えを巡らせているときにも、国内だけからでなく外国からの電子メールが多数飛び込んでくるため、チャイム音はかなりの頻度で発生することになるそうだ。ところが、雑用などをしている精神的内面のときには絶対に起こらないのだが、物理理論の深い考察に没入しているときにはふと何故かまもなく電子メールが着信するという確信が湧いてきて、その次の瞬間にチャイムが到着を知らせるということがある。しかも、そう確信できたときには、直後に百パーセント確実に電子メール着信音が研究室に鳴り響くという。

もちろん、その物理学者は超能力者でも何でもないのだが、物理理論に没入している精神的内面においては、外界認識に0.5秒という遅延が不可避的に生じる意識による認識以外の本能的な音声認識機能が働いていると考えれば説明がつく。即ち、コンピューターから電子メール着信を知らせるチャイム音が発生するとき、その物理学者の通常の音声認識は0.5秒後に初めてチャイム音を意識することを可能にするのだが、その意識自体を捏造してチャイム音が耳に入ったと同時にそれを認識したと思い込ませてしまう。

ところが、そんな通常の音声認識以外に0.5秒の空白を生まない本能的な音声認識が可能な精神的内面となっていた物理学者は、真にチャイム音が発せられた瞬間にそれを認識していたことになるが、その瞬間とは0.5秒後に通常の意識的音声認識が生じるときからすると0.5秒前の時点と考えられるように意識によって偽りの時間感覚が捏造されてしまう。つまり、物理学者の意識の中では、チャイム音が鳴って電子メール到着を知らせる0.5秒も前から、何故か電子メールの到着を確信できていたという全体認識が作られてしまうわけだ。

三番目の事例は、物理学者でも何でもない一般の成年男子だが、小学校二年生の頃の体験だ。大人達だけでなく、子ども達も含めて周囲にいる人の口から次にどのような言葉が出てくるのかが、数秒前にはっきりとわかったという。むろん、子どもの頃の思い込みだとして無視することもできるし、逆に予知能力があったとして特別視することも可能だろう。だが、そのような両極端に位置する姿勢では、せっかく問いかけに応じてくれて得られた事例を無駄にしてしまうことになる。

逆に、この事例もまた脳による嘘の「今」の捏造によって作られた虚構の世界がほころびを見せたために起こったものだと理解することができたならば、捏造された意識を打ち破る「掟破りの動き」を解明する貴重な手がかりとなるのではないか。そう考えていく上でひとつだけネックになっているのは、発言を確実に予知していたのが0.5秒前ではなく数秒前という、意識をとおした発言の認識に必要な時間よりも数倍も長い時間も遡る現象だったという点だ。もし、発言の0.5秒前にその内容がわかっていたというのであれば、二例目の電子メールの到着を0.5秒前に察知していた物理学者と同様の現象だと考えられる。

つまり、周囲の人が話をするとき、その男性の通常の音声認識は0.5秒後に初めて音声を意識することになるが、そのとき脳組織は話が耳に入ったと同時にそれを認識したという意識を捏造してしまう。しかし、もしその男性も二例目の物理学者と同様に0.5秒の空白を生まない本能的な音声認識が可能な精神的内面となっていたとすれば、真に誰かが発声した瞬間にそれを認識していたことになる。その瞬間は、0.5秒後に通常の意識的音声認識が生じるときからすると0.5秒前の時点と考えられるように意識によって偽りの時間感覚が捏造されてしまうため、男性の意識の中では周囲の人が話をする0.5秒も前からその内容を予知できていたと思ってしまうのだ。

問題は、それが0.5秒前ではなく数秒前と感じていたことなのだが、ここで気がつくことは小学校低学年の子どもの内面における時間感覚が大人の時間感覚とは違うということだ。誰もが感じてきたように、まだ小さな子どもだった頃は大人になってからの印象に比べて一時間も一日も、あるいは一年も非常に長かった。それは、子どもの脳組織における機能特性でそうなっていたのだろうが、大人の時間感覚に比べて何倍も長く感じていたようだ。子どものときの時間感覚は大人になってからの時間感覚に比べて十倍も長いという研究もある。そうすると、この三例目の男性が子どもの頃に数秒間だと感じた時間間隔は、実際には0.5秒程度の短い時間だった可能性が高くなる。

実は、この二人以外にももう一人いたのだが、それは僕がクォーツ時計の秒針の動きに注意を向け始めたときの体験とまったく同じことに昔から気づいていて、随分と気になっていたという高校の物理教師だ。僕の体験と同じものということで、ここでそれを取り上げることはしないが、僕自身以外にもクォーツ時計の秒針の動きに違和感を感じていた人がいるということだけは記しておく。

時間の遅れ

空手家から個人的にリベットの研究成果について知らされた時点において、僕は既に脳組織に働きかけることで相手の身体を崩す武道の極意技法の作用機序を脳科学の観点から明らかにする研究に取り組んでいた。主たる研究対象は武田惣角によって明治期に新たに興された大東流合気柔術という柔術流派の「合気」と呼ばれる極意技法だったが、それが相手の身体に触れる前から脳が影響を受けて崩れたり動きが鈍くなるといった現象を利用しているのではないかと推察してのことだ。この「合気」は、ただし、夕雲流の剣術において自分の気を相手の気に癒着するように合わせる気の技法を意味する「合気」とは完全に異なるものであることに注意しておこう。

しかしながら、最新の計測装置が完備した総合大学ではなく、文系主体の地方大学でのこと故、それまでに何か実験をすることができていたのは旧態依然とした脳波や筋電位に限られていた。前著『合気開眼――ある隠遁者の教え――』（保江邦夫＝海鳴社）でその一部をご紹介したのは、その頃の研究結果に他ならない。前著『唯心論武道の誕生――野山道場異聞――』（保江邦夫＝海鳴社）でお披露目したファンクショナルMRI（機能的磁気共鳴画像法、fMRIと略す）といった最新の脳活性計測装置を用いての実験には、いまだ取りかかる計画すらなかった。

ちょうどそんな時期だったこともあり、しかも0.5秒という通常の脳組織の反応時間スケールと比べると圧倒的に長く、極度に精密な機器でなくても計測しやすい時定数を含んだ脳内現象であれば、手持ちの装置を組み合わせるだけで何とか測定できるのではないかと考えた。リベットの『マインド・タイム』にある実験では、相手の時間と自分の時間が食い違っているというふたつの可能性の一方である、時間が前後してずれている可能性を示唆する結果が得られていたのだが、僕はもう一方の可能性として時間の進む速さが異なることを明らかにする実験を急遽試験的にやってみることにした。

写真11　コンピューターのキーを自身の意識の中で1秒ごとに打つ実験の様子

脳波や筋電位を測定する実験を実施してくれていた大学院生の協力を得て、極めて単純な実験を開始したのだが、そこでは被験者はコンピューターのキーボードのひとつを自分自身の内部感覚で正確に1秒間隔に指で叩いていくことが求められる。こうすることで、被験者自身の意識で1秒間だと感じた時間間隔が実際には何秒間だったのか、コンピューターに内蔵された精密時計によって正確に計測したデーターが絶え間なく記録されるのだ（写真11参照）。

その結果を見ると、現代人はかなり正確に1秒間というインターバルを把握できていることがわかる。被験者が1秒間だと意識している時間間隔は、実際には正確な1秒との誤差が±0.02秒程度となっているからだ。

こうして、人間が内面で感じている1秒間という時間間隔を被験者に対して連続的に計測している途中で、無作為的に選んだタイミングで被験者には知らせずに「合気」と呼ばれる合気柔術の極意技法を被験者に非接触でかける実験を行った。その結果は、常識では考えられないものではあるが、実に興味深いものだ。何故なら、たとえばある被験者について、通常の場合に1秒間だと意識する時間間隔が正確には平均で0.98秒だったのだが、極意技法がかけられている間だけは平均で0.89秒となったのだから。つまり、ほぼ一割程度短くなってしまったのだ。

自分自身で1秒間だと意識する時間間隔が一割短くなったとすると、その被験者はどう感じるのだろうか？　それは、自分で1秒経ったと思っても自分を取り巻く世界の中ではまだ1秒経っていないことから、時間がいつもよりもゆっくりと経過すると感じることになるかもしれない。だが、本人はそのとき周囲の時間との食い違いを実際に把握することはできないため、周囲との比較による印象が生まれることはないはず。これについては、やはり被験者自身の内面の状況を実験後に聞き取る必要がある。

こうして判明したことは、実験を始めてしばらくの間はいつものように何も考えることなく1秒間隔でキーを打つことができていたのだが、合気という極意技法をかけられ始めたと後で知らされたタイミングからは自分でも不思議だったそうだが、それまであたりまえのように湧き出てきていた1秒という時間間隔が自然には出てこなくなり、急遽頭の中で1秒間の長さはこのくらいだったのではないかと考えながらキーを打つしかなかったということだ。つまり、人間の脳組織のどこかの働きで、大脳皮質の作用で生み出される意識や思考とはほとんど無関係に1秒という時間間隔を再現できていた機能が失われたことになる。

ということは、合気の極意が被験者の脳組織に何らか作用したと考えるとき、それは少なくとも短時間の時間間隔を記憶する、あるいは生み出す役割を担っている部分を含んだ部位に作用すると考えられるはず。

脳科学における研究成果の中から、時間の長さやリズムに関するものについて調べてみると、人間に限らず哺乳動物においては時計中枢が脳幹視床下部の視交叉上核に存在することがわかる。これについては、たとえば視交叉上核を破壊する動物実験によって、睡眠のリズムが完全に消失してしまうことなどから確認されている。

もし、1秒間というような短時間の時間間隔の把握にも時計中枢が関与しているのだとすれば、合気と呼ばれる合気柔術の極意技法が作用する脳組織は脳幹ということになる。また、その結果として脳幹の働きが阻害され正しい時間間隔を脳全体に発信している機能も滞ってしまうと、人間の身体運動のスピードもそれに合わせるような形で遅くなってしまうという現象が表出してくるのではないだろうか?

むろん、人間の脳組織をコンピューターの中央演算制御装置（CPU）にたとえることは物事をあまりに単純化しすぎるかもしれないが、CPUでは内臓時計にあたるクォーツ発信器から発せられる時間単位ですべての処理が行われていくため、内臓時計の動作が狂ってしまえばCPU全体で動作が狂ってしまう。これと同じように、脳幹から脳全体に発信している時間間隔が狂ってしまうと脳組織全体の動作も狂うことになり、そのため脳組織が生み出している意識による外部認識や身体運動までもがスローモーションのように遅くなってしまうとは考えられないだろうか？

他方5秒以下の短い時間間隔の把握については、ラオ、メイヤー及びハリントンによる機能的磁気共鳴画像法（fMRI）を用いた最新の脳科学研究によって、大脳基底核が活性化することで時間知覚が可能となっていることも明らかとなった。この部位は時計中枢のある脳幹視床下部と大脳皮質の間に位置し、線状体と呼ばれる重要な神経結合の集積構造があり、身体運動機能にも深く関わっている。たとえば、パーキンソン病における筋肉のこわばりと動きが鈍くなる原因は線状体におけるドーパミンが不足することにあることが知られているし、ハンチントン舞踏病は大脳基底核の病変によることが判明している。

従って、1秒間というような短時間の時間間隔の把握には特別に大脳基底核が関与しているのであれば、合気の極意技法が作用する脳組織は脳幹ではなく大脳基底核ということになる。その結果、大脳基底核の働きが阻害されるとパーキンソン病と同様に、筋肉の動きが鈍くなり身体運動のスピードも遅くなってスローモーション的な身体運動しかできなくなるとは考えられないだろうか？

空手家が相手の身体に膝蹴りや肘打ちを放とうとしても、身体がなかなか動かず拳や膝を送り出すことさえスローモーションでしかできなかったという事実を説明できる面では、リベットによる0.5秒遅れの意識に翻弄されたとする考えよりも秀でていると思われるのだが……。

右脳が見る世界

これまでのところ、「赤ん坊のような自我意識のない内面に達する」という剣術極意を精神物理学や脳科学の言葉で「大脳皮質を不活性化することによって高次本能という大脳髄質と脳幹支配の精神的内面を作る」と翻訳してきた。しかし、「すべてを神仏に委ねる内面となる」という究極の極意を精神物理学や脳科学の言葉に翻訳するとなると、なかなか一筋縄ではいかないかもしれない。

しかし、すべてを神や仏に委ねる自他融合の精神的内面が脳組織におけるどのような働きによって生み出されるのかを示唆する事例が、宗教家の祈りや瞑想によって神仏との結びつきを得たときの脳組織で自他を分別する感覚情報を脳全体に発信している頭頂葉上後部神経束が不活性となることが見出されたニューバーグとダギリによる研究以外にも存在する。そこでは、脳の右半球による特異な世界認識に初めて光があてられたのだが、右脳で見る世界はまさにすべてを神に委ねて得られる至福に満ちた「エデンの園」の如くに映ったという。前著『唯心論武道の誕生——野山道場異聞——』でもご紹介したが、以下に再掲しておく。

大学院で脳神経科学を専攻した女医であり、脳科学の進歩に必要不可欠な研究対象としての患者組織に働きかける行動派の脳科学者でもあったジル・ボルト・テイラーは、ある日の朝突然に脳卒中に襲われた。眉間の中央に激しい頭痛があり、自分の身体の動きがどんどんと遅くなっていくことで脳卒中が始まったと判断したとき、身体は既に横たわってしまいこのまま誰も気づかず助けもこない状況が続いたなら死を迎えるしかないと直感した。

後に手術前の検査で判明したのだが、このときテイラーの左脳、つまり脳の左半球に広範囲の脳卒中が発症していた。従って、左脳の機能はどんどんと低下していき、その結果正常な思考や発声、さらには文字や声の内容理解や記憶想起といったことができなくなっていく。このまま悪化していけば、もはや何もできないまま家で孤独な死を迎えることは必至。しばらく時間を置くとフッと思考力が戻る瞬間があったため、忍耐強くその瞬間を待ちながら彼女は壊れつつあった左脳を使って同僚に電話をかけて助けを求めようとする。しかし、左脳のごく一部分しか動かない状況では、自分の勤務先の電話を見つけることも難しい。おまけに、電話機のプッシュボタンに描かれている記号の意味を理解することもできず、電話口の相手に話そうとする音声が犬のような唸り声にしかならないため英語が話せない上に、受話器から聞こえてくる同僚の声が雑音にしか聞こえないのだ。

我々人間の正常な社会生活は、このようにすべて左脳の様々な精神機能が正しく組み合わされて初めて達成される、長年培ってきた精神的能力に完全に依存している。その能力が、ある朝突然に消滅したのだから、そのときの彼女の窮地は想像を絶するものだったに違いない。だが、そんな突然に崖から突き落とされたかのように感じるはずの絶望的な状況にあって、さらには途絶えることのない激しい頭痛に苛まれながらも、テイラーは得体の知れない不安どころかむしろ何か途方もなく大きく温かい無条件の幸福感に満たされていた。それはまさに神様に抱かれたかのような至福の時であり、このままますべてのものと一体となった至福の感覚が大きくなって神の下に召されることになるのだろうとわかっただけでなく、自らもそれを強く望んでいたのだ。

だが、脳神経科学を専門とする医師が自分自身で脳卒中を体験しただけでなく、そこに生まれた不可思議なまでの絶対的な幸福感や安心感の存在を今後の脳卒中治療に活かしていかなければという医師根性が、神に抱かれるように愛としての存在に戻るという究極の幸福を退けてまで助けを呼んで過酷な現実世界に生き延びるという道を選ばせた……。その前後の詳細については、テイラー自らが著した『奇跡の脳』(ジル・ボルト・テイラー著、竹内薫訳＝新潮社)に詳しい。

こうして、突然に左脳を襲った脳卒中から生還したテイラーの実体験により、我々が普通に目や耳をとおして認識している世界像はすべてが誕生してからの体験や教育によって長い間に左脳が作り上げた精神作用が生み出しているだけのものであり、脳機能障害によって左脳が正常に機能しなくなった場合に初めて右脳の精神作用が生み出している世界像が表出することがわかった。その右脳が見た世界というのは、ベルクソン哲学でいう左脳が勝手に作り上げたイマージュだらけの世界像とは完全に切り離された、ありのままの世界そのものだ。

テイラー自身の表現を借りるならば、左脳の機能が停止したときに見たテーブルを押さえている自分の手は、どこまでが自分の手でどこからがテーブルなのかまったく判別できない映像でしかなく、むしろ自分というものがどこまでも外界の中につながっていき神や宇宙全体とひとつになっている愛に満ちた存在と感じられる……。

どうだろうか？

右脳で見た世界の印象をテイラーが語った内容に、これまで見てきた様々な剣術流派における極意技法のすべてが重なっていくように感じられないだろうか？

大脳皮質を不活性化することによって高次本能という大脳基底核支配の精神的内面、即ち自我意識のない無垢な内面をも捨て去りすべてを神仏に委ねるという究極の極意「ぬけ」を達成できたならば、神が自らその者を守り敵の太刀筋を外す境地が開ける。そうなったなら、神や宇宙とひとつにつながっている至福の愛に満たされた内面がそのまま外界にも表出した世界を形作り、その中においては神がどこまでも自分を守ってくれるというのだ。

右脳が見せてくれるもの……夢

脳科学者ジル・ボルト・テイラーが垣間見た世界は、右脳の働きによる認識により得られたものであり、自分自身がどこまでもつながってひとつになっている愛に満ちた世界だった。そこでは、神に深く抱かれているという絶対的な幸福感や安心感があり、何ひとつ心配することもなかったという。

そして、僕自身がテイラーの体験を知ったとき、そのような神の祝福を具現したかのような世界においては、たとえ誰かが自分に向かって太刀を振り下ろしてきたとしても、結局は自分とつながった世界の一部でしかない相手と太刀は自分自身と融合しているため、その太刀筋は必ず外れてしまうことになるのではないかという思いに至ることができた。いや、単なる考えやアイデアという程度のものではなく、確固たる自信に裏づけられた絶対真理に違いないとさえ思えたのだ。

右脳を働かせることによって得られる世界認識の中でこそ、一刀流の極意「夢想剣」や夕雲流の究極極意である「ぬけ」が実現するのではないかという！

まるで夢物語の中での出来事であるかのようだが、実は我々が見る夢というものは右脳の働きによって生み出されていることがわかっている。それは、人間が夢を見るのは睡眠中であっても閉じた瞼の下で眼球が素早く動いている状況を示すレム（REM, Rapid Eye Movement の略）睡眠のときに限られ、そのときに脳波を測定すると右脳が特に活性化していることが判明しているためだ。

脳波はドイツの精神物理学者ベルガーが初めて頭皮電極から測定した脳の表面電位変化だが、現在ではそれは大脳皮質などの脳組織表層部にある神経細胞集団が示す活動電位の変化だと考えられている。大脳皮質は一番外側の新皮質が大脳辺縁系と呼ばれる古い皮質を覆う構造になっているが、新皮質は言語や論理といった知性的精神活動を生み出すだけでなく身体感覚や身体運動の中枢を担い、大脳辺縁系は大脳基底核や脳幹とつながって本能や感情を生み出すとされる。

レム睡眠のときの大脳皮質の活性を測定すると、新皮質の中でも前頭葉連合野や頭頂葉連合野は不活性となり、後頭葉と側頭葉は活性が高くなる。また、大脳辺縁系も活性化するため、理性的な精神活動が低下し感情的で直観的な精神活動は逆に活発化することになる。そのため、夢見状態における精神的内面は、覚醒状態におけるそれと比べてより直観的で本能的なものとなり、夢の内容自体は脈絡や意味のない情動的場面の寄せ集めという印象が強い。また、左脳よりも右脳側での活性が高く、従ってイメージが先行した直観的な断片が右脳で生み出された後に、右脳と左脳をつなぐ脳梁を経由して左脳に移されてから言語化される物語が夢だとも考えられている。

夢見状態においては、このように知性的で論理的な精神が滞り、代わりに本能的で直観的な精神的内面が強くなってくるが、ニューバーグとダギリによる研究で注目された頭頂葉の上後部もまた不活性となっているため、深い瞑想によって神との結びつきを感じる宗教家の脳と同様に、他者との区別をまったく感じなくなり宇宙の中のすべてとつながった一体感を感じているはずだ。

ということは、我々が夢を見ていると素朴に感じているときの精神的内面と、脳科学者テイラーが体験した右脳による世界認識における絶対的な至福感と神や宇宙との一体感に満ちた内面状態とは、互いに共通している部分が多いということになる。そして、まさに精神的内面を夢見状態に持っていくことで己の動きを高次本能に託すという剣術の極意技法においては、自分自身がすべてのものにつながった自他融合の世界を具現することで敵の太刀筋が自ずと外れていくだけでなく、太刀を振り下ろすだけで自分とつながった敵を必ず斬り倒すことができるのではないか。

こう考えていくと、自分の精神的内面を夢を見ているときの右脳優位の状態に持っていき、後は高次本能に従って単に身体が動くままに任せるということが、伊藤一刀斎が小野忠明に伝えた一刀流の極意「夢想剣」のからくりではないかという当面の結論に辿り着く。夢見状態においては主として大脳辺縁系や大脳基底核、さらには脳幹の働きが精神生成に大きく関与している点も高次本能と共通しており、夢想しているときの精神的内面が高次本能に支配された状態であることを強く示唆している。

我々が目指してきたところは、武道の極意技法を可能にする高次本能の起源が大脳皮質ではなく大脳基底核や脳幹にあるということを明らかにするだけでなく、それがどのような作用機序によって達成されるのかを見極めることにあった。そのために、これまで様々な剣術流派における極意について精神物理学の観点から見てきたのだが、最後に一刀流極意である夢想剣の実体をも推察することができた。

しかしながら、その多くは剣術流派の伝書に残された極意技法の記述を状況証拠として、現代の脳科学におけるいくつかの典型的な実験研究成果で判明した事実を組み合わせながら積み上げていった理論的可能性にすぎないものではある。本来ならば直接的な実験検証によって理論的推察を裏づけていく必要があるのだが、現代においては一刀流極意の夢想剣そのものを真に体現できる武道家がいないため、実験的に解明していくことができない。

ところが、帯刀が禁じられた明治以降に広く普及していった柔術技法の中に、一刀流の極意である夢想剣の技法が浸透することで生まれたのではないかと考えられる新興柔術流派がある。会津で小野派一刀流の腕を磨いていた武田惣角が興した大東流合気柔術がそれだが、そこでは「合気」と呼ばれる特殊な極意技法の存在が、その他の伝統ある古流柔術との間に本質的な違いを生み出している。この「合気」技法を用いることで相手の骨格筋が弛緩して崩されたり、あるいは逆に強制的な緊張状態に誘導されて相手の身体が踊るかのように跳ね飛んで倒れるという普通では考えられないような柔術の効果が示されているのだ。

しかも、現代においても合気技法を操ることができる武道家が存在するため、その極意技法を用いるときの精神的内面の状態を主観的にではあるが知ることもできるし、必要に応じてそのときの脳組織の活性分布を機能的磁気共鳴画像法（fMRI）や近赤外光脳計測装置（光トポグラフィー）によって調べることも可能だ。したがって、合気についての脳組織における作用機序を精神物理学の観点から見極めることができたならば、ひるがえって今は既に失伝してしまった一刀流の極意技法「夢想剣」を具現するために用いられた脳組織を特定することができるだけでなく、その極意を現代に蘇らせることも夢ではない。

このあたりで剣術奥義からは離れ、合気の解明を目指すことにしよう。

夢想剣から合気柔術へ

大東流合気柔術は会津の武田惣角が一代で興した新しい柔術流派であり、他に類を見ない「合気」と呼ばれる極めて巧妙で難解な極意技法を自在に操ることを前提とした投げ技や関節技から構成される複雑な技術体系を持っている。ところが、肝心の合気については誰でもが会得できるというわけではなく、また合気が使えなければ投げ技のほとんどが効力を失ってしまう構造となっているため、武田惣角の没後には急速に形骸化してしまったのも事実だ。かろうじて合気を身につけることができた少数の弟子筋以外においては、本来は合気を用いて相手の身体を操ることが前提になっている大東流合気柔術の投げ技を体力に頼って無理やり仕掛けていく方向へと堕落させてしまう結果となり、当然ながら古くから体力技として整備されてきた他流柔術や講道館柔道に優るものにはなり得なかった。

また、幸いにも合気を受け継いだ弟子達もそのほとんどが合気技法についての真の理解には至ることができなかったため、どんな相手に対しても常に同じやり方で合気をかけてしまうという愚行に走り、その結果として一部の相手に合気柔術の技が効かないという評判が広まってしまったのも事実だ。

実際のところ、武田惣角自身も極端に研究熱心であったわけではないようで、いつどこに出張教授に行くときも初対面の相手に自分がやり慣れた手法の合気をかけていたと思われる。そう考える理由は、希に合気柔術がうまく効かない相手がいたという記述が伝記として残されていることにある。

自分以外の弟子達だけでなく、師である武田惣角の合気技までもが通用しない相手が希にではあっても存在するという事実を前にし、唯一人その弱点を補うべく長年にわたり人知れず血の滲むような研鑽と鍛錬の日々を過ごしたのが大東流合気柔術の宗範となった佐川幸義だった。こうして完成された大東流合気柔術の高度な技法は、合気をかける相手の外面的並びに内面的特徴を詳細かつ体系的に分類し、相手毎に最適の手法で合気を施すことができるように様々に工夫された身体技法や精神技法を補助的に用いるという、極めて精妙な合気技法となる。

本来ならば、佐川幸義師により完成されたこの精妙極まりない技法のみを「合気」と呼ぶべきかもしれないし、確かに武道としては如何なる相手に対しても確実に施すことができるという意味では佐川門下で主張されているように佐川師の合気のみが真の「合気」だともいえよう。しかしながら、本書においてはあくまで合気の本質である相手の身体を操ることができる脳の作用機序を精神物理学の枠組の中で明らかにすることにあるため、武道としての完成度にはこだわらない。さらには、このように合気をより緩いくくりで見ていくことで、合気技法が名前こそ異なってはいても武道他流派において自然発生的に用いられている可能性にも気づくことができるだろう。

ところで、武田惣角が興した大東流合気柔術の極意技法である「合気」が一刀流極意の「夢想剣」

と同じもの、あるいはその一部か延長線上にあるものと考えられるのにはそれなりの理由がある。伊藤一刀斎から「夢想剣」の極意を授かった小野忠明が継承した一刀流は小野派一刀流と呼ばれ、将軍家指南役となってからは一刀流の本流として栄えただけでなく、現代剣道が制定されるときにも大きく貢献している。そして、武田惣角は十一歳のときに小野派一刀流の達人渋谷貞保の道場に入門し、生涯太刀や小刀を手放すことなく一刀流の剣術を基本とする姿勢を貫いていた。実際に惣角が伝え遺した口伝には、小野派一刀流口伝と共通する部分が多いとされる。

また、一刀流の極意として小野忠明が見せた剣技は小野派一刀流の中ではその後「切り落とし」と呼ばれるようになっていたが、その表現から「夢想」という実を表す肝心のものが欠落してしまったことから、「夢想剣」の極意の本質は既に失われ太刀使いの表面的な特徴だけに注意が向けられるようになっていたと推察できる。そして、武田惣角は小野派一刀流の「切り落とし」を自分で改良した極意技法を「合気切り落とし」と呼び、名だたる手練の剣士を討ち負かしたと伝えられているのだ。

伊藤一刀斎と小野忠明から時を経るにしたがって失伝してしまった「夢想剣」が、体を表すべき名からも「夢想」が消え去ったあげく「切り落とし」という表面的な名前となっていた明治の初期、天賦の才に恵まれた武田惣角が形骸化してしまっていた「切り落とし」に再び極意としての息を吹き込んだとき、「合気」を名前につけ加え「合気切り落とし」と呼んだという事実が物語ることは何だろうか?

そう、「夢想」と「合気」は同じものを別の角度から捉えているのかもしれない。夢想するような精神的内面を実現して相手に向かうということが、まさに合気というものなのだという。したがって、一刀流の極意「夢想剣」を「合気剣」と呼ぶこともできることになるし、「合気柔術」を「夢想柔術」とすることも可能となる。

写真 12 「合気切り落とし」の連続分解写真

こう考えていくことで、夢想剣の極意を精神物理学によって解明するという我々の研究を、単に一刀流伝書に残された記述や他の武芸書などからの伝聞から推察していくという間接的な手法から、現代においても合気柔術で体現されている合気技法を用いるときの脳組織の活性を最新の脳科学的計測装置によって解析するという直接的な手法へと転換させることができるのではないだろうか！

そう確信したのには、むろん僕なりの理由があってのことだ。

前著『合気開眼』と『唯心論武道の誕生』で独白した如く、僕自身がどういうわけかかろうじて合気を操れるようになってきていたのだが、あるときふと小野派一刀流の極意「切り落とし」を合気をかけた状態で試してみたくなった。むろん、小野派一刀流そのものは習ったこともなかったのだが、佐川幸義先生の道場に通っていた頃には大東流合気柔術と併せて同じ一刀流の流れを汲む甲源一刀流のご指導も受けていたので、「切り落とし」の動きだけは理解していた。

そこで、剣道や銃剣術をやっている門人達を相手に武田惣角のいう「合気切り落とし」の技法、即ち相手が竹刀を打ち込んでくるときに相手に合気をかけた状態でこちらも竹刀を振り下ろすという技を試したのだが、何度やっても必ず相手の小手を打つことができた（写真12参照）。その相手を務めてくれた門人達に聞くと、合気をかけられた時点で既にどう打ち込んでいってもやられてしまうという予感が全員にあり、できれば試合をやめたいとまで思ったのだが重要な実験だといわれていたために意に反して打ち込んだとのこと。

むろん、合気を使わない「切り落とし」も試してはみたが、その結果は惨憺たるもので全員があっという間に僕の面に竹刀を打ちつけてくるため、僕自身は竹刀を振り始める余裕すらなかった（写真13参照）。

合気の効果は、歴然としていたのだ。

そして、僕自身が合気をかけるときの精神的な内面の状態はといえば、『唯心論武道の誕生』に書いたように、「すべての存在を愛する」、「我の殻を取り払う」、「僕《しもべ》となる」、「相手を神様だと思う」

などと表現できるようなものになっているのだが、より具体的には「どこにも焦点を合わせない虚ろな眼となる」、「魂の抜けた腑抜けの状態になる」、「思考を停止させてアホになりきる」、「夢遊病者のように身体が赴くままに動く」、「ポカンと夢の中に遊ぶ」といった雰囲気がすべて重なった状態とも

写真 13　合気を使わない「切り落とし」の連続分解写真

いえる。まさに「夢想」と呼んでよいような内面を生み出すことが、僕自身にとっては「合気をかける」ということに他ならないのだから。

だからこそ、「合気＝夢想」だと直観できたのかもしれない。

脳波トポグラフィーとアルファー波

前著『合気開眼』を出した時点でも合気をかけるときの僕自身の脳波だけでなく、合気をかけられる相手の脳波と腕の筋電位も測定していた。むろん、道場のような広い場所ではなく脳波計や筋電計が据え付けられた狭い睡眠実験室でのことだったため、互いに椅子に座った状態で腕相撲を取る場面で合気を使ったのだ(写真14参照)。その結果、合気をかける側の僕自身と合気をかけられる側である対戦相手の二人とも、右手前腕一ヶ所と上腕一ヶ所の筋電位だけでなく大脳皮質前頭葉運動野と小脳付近の脳波も採取し、両者の右腕の筋肉活性だけでなく精神状態の変化をも脳波の質的変動として測定することができたのだった。

実験で得られた代表的な脳波と筋電位の変動を見ると、まず合

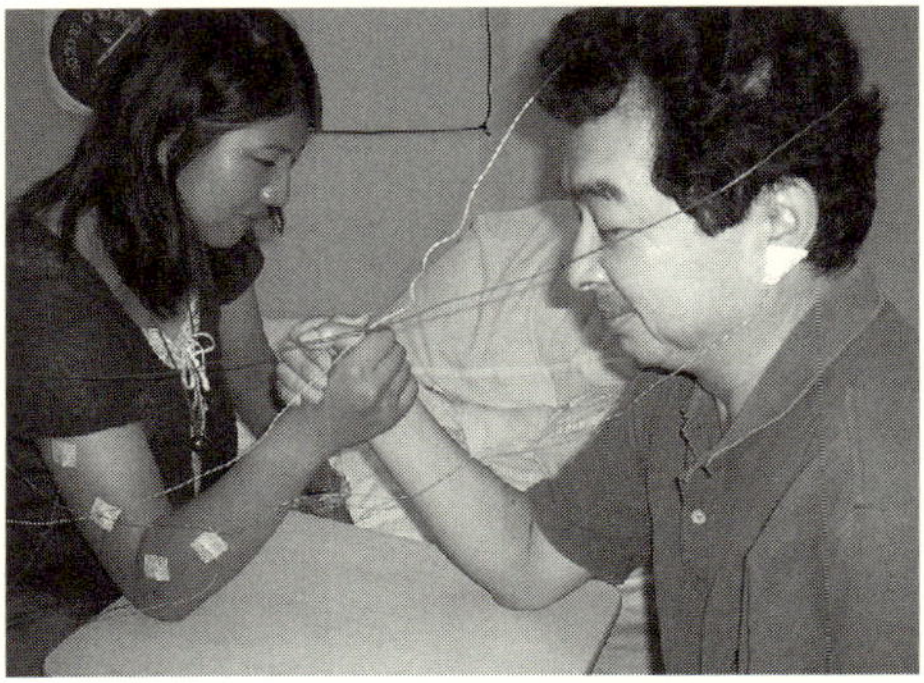

写真 14　腕相撲による合気の実験の様子

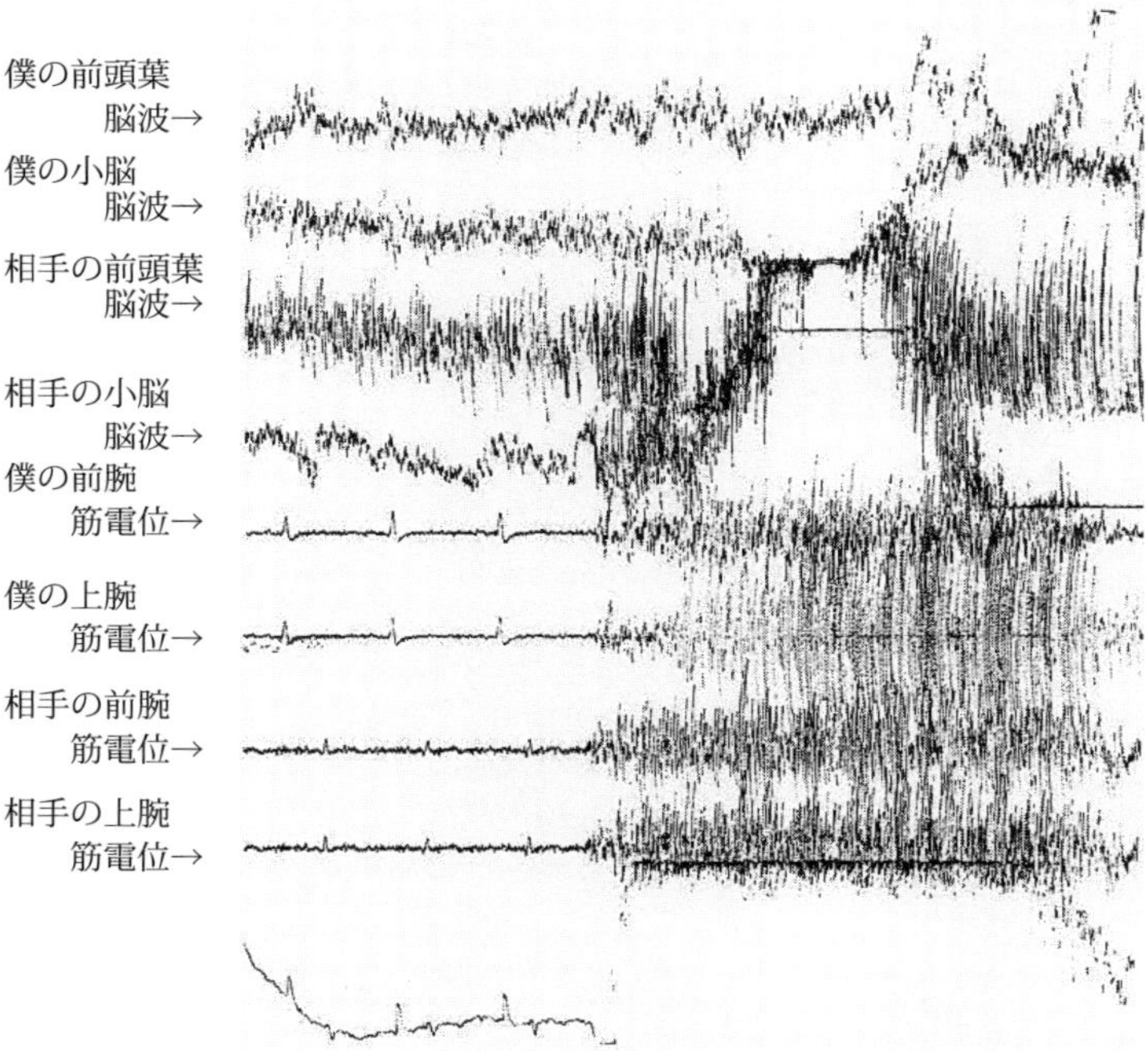

合気を使わないで腕相撲を取ったときの、僕と対戦相手の右腕二ヶ所の筋電位と前頭葉運動野と小脳の脳波

気を使わないで普通に筋力だけで腕相撲を取ったときは、筋電位を見ると腕相撲を取り始めてから勝負がつくまで数ミリボルト程度の激しい変動があり、僕自身の右腕筋肉も対戦相手の右腕筋肉もどちらも精一杯に活性化していることがわかる。このときの両者の脳波は、やはり意識的な身体運動である随意運動を生む前頭葉運動野も、無意識的な不随意運動を生む小脳も、そこから発生する脳波は様々な神経細胞が広範囲に電気信号を生み出していることを示す「雑音的」なものとなって

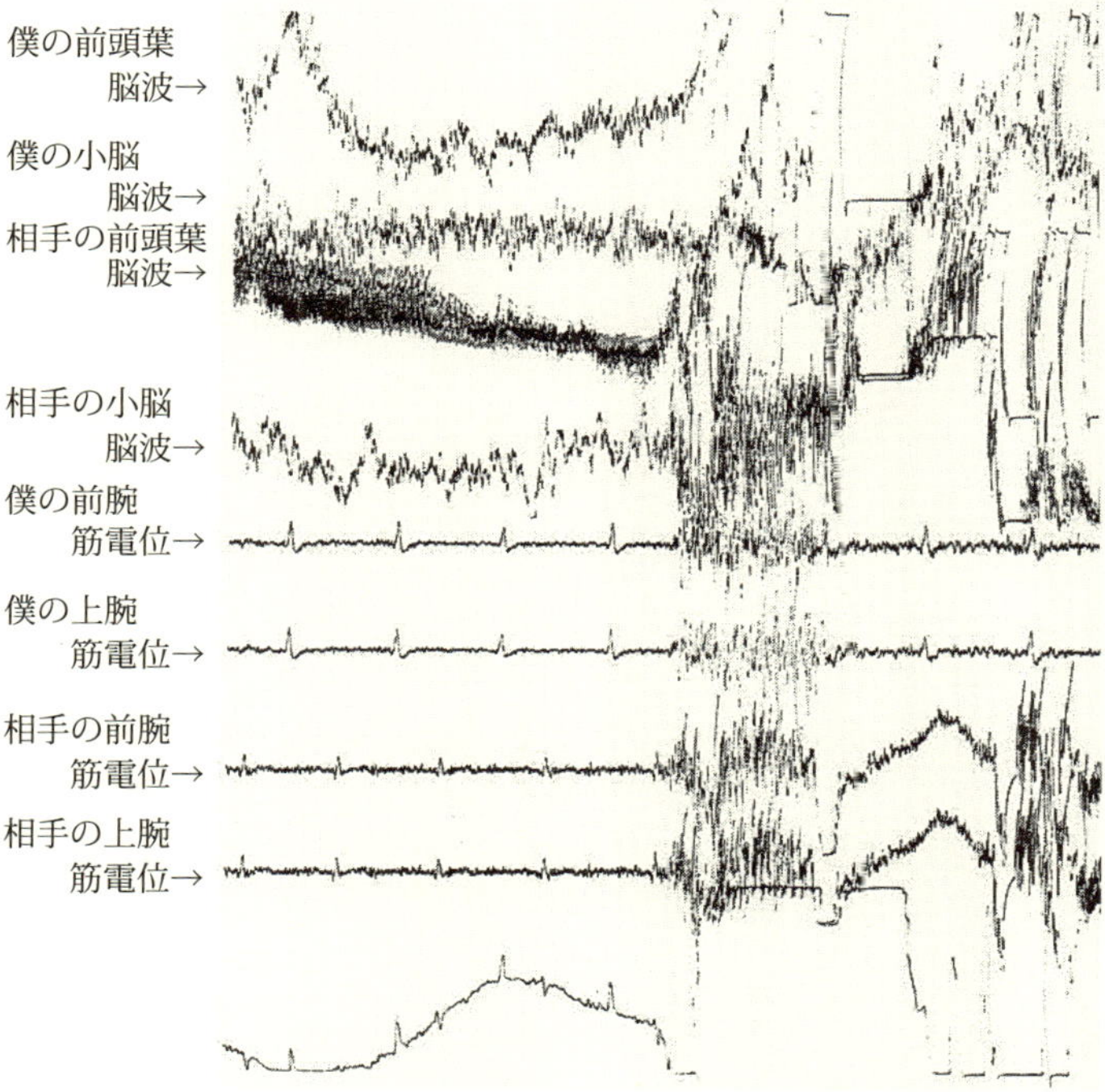

合気を使って腕相撲を取ったときの、僕と対戦相手の右腕二ヶ所の筋電位と前頭葉運動野と小脳の脳波

いるため、二人ともが普通に意図的に必死で腕を緊張させている場合の典型的なものとなっていた。

　次に、相手に合気をかけて腕相撲を取ったときだが、筋電位については対戦相手の右腕に「筋電位分極」が生じて腕の力が出せない状態になっていることがわかった。そのときの僕の脳波は、前頭葉運動野の脳波も小脳の脳波も、神経細胞が広範囲にわたって同じタイミングでそろった電気信号を生み出している雑音の少ない変動パターンとなっていた。しかも、対戦相手の脳波を見ると、合気をかけられている間は前頭葉運動野の脳波も小脳の脳波も振動成分のない一定電位の様相を示すようになるのだが、これは広範囲にわたって脳が異常なほど不活性となる普通ではあり得ない精神状態に陥っていることを示唆していると考えられた。実験直後に対戦相手が自分自身の内面状態を表現したところによれば、頭の中が真っ白になるというような一瞬の空白が精神の働きに現れたというのだが、脳波の計測結果がそれを裏づけていたことになる。

このような脳波計測実験により、その時点で

「敵の精神に働きかけて一時的に軽い精神疾患に陥らせることにより、まるでこちらの技が物理的に効いているかのような身体運動を自発的にさせる」

という表現で「合気の原理」を提唱していたのだが、試験的検証実験の域を出るものではなかったため、さらに精密な実験研究を続けていくことでこの方面の研究が発展していくことに期待を寄せていた。では、その直後から現在までの二年間に何が行われていたのかというと、実は何人かの心理学者やスポーツ運動科学の専門家によって、機能的磁気共鳴画像法（fMRI）や光トポグラフィーなど最新の計測装置を用いた新しい実験研究が着実に進められていたのだ。その中で特に脳波に関するものとして、どのような脳波が脳組織のどの部分から活発に出ているのかを調べることができる脳波トポグ

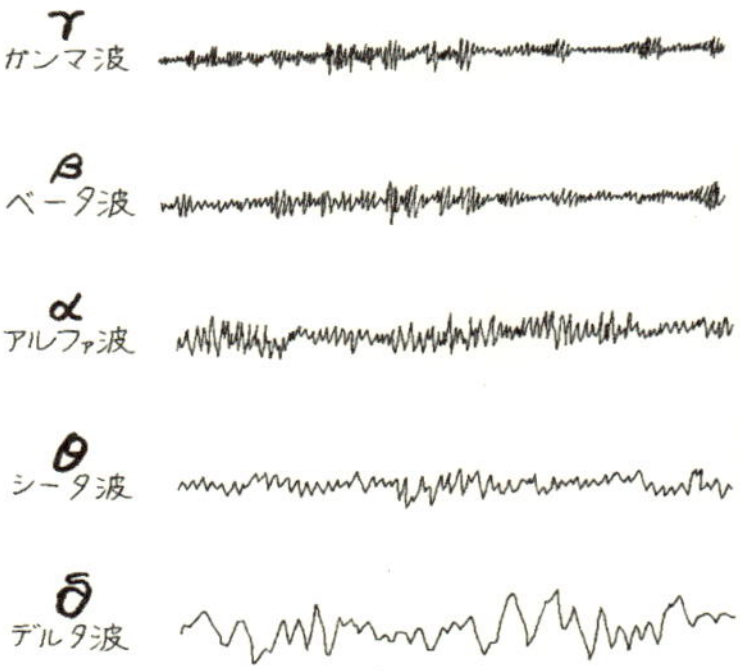

５種類の脳波

ラフィーを用いた実験結果の一部を紹介しておこう。これは広島の大学で心理学を教えている小野田貴樹教授が進めている研究に含まれている。

それは、合気をかけるように精神的な内面を持っていったときの状態というものが、本当に本人が主観的に「夢想」しているかのように感じる状態となっているのか否かを客観的に解明する目的で行われた実験だ。しかし、本人にしかわからないはずの内面の状態を、いったいどうやって客観的に見極めることができるのだろうか？　頭蓋骨を割って脳組織を切り開いたところで、精神的内面などというものはとうてい見ることができないはずなのに！

実は、既に何回か指摘したが、ドイツの精神物理学者ベルガーが脳波計を考案したのは、頭皮につけた電極から採取される脳の活動電位変動の中のいくつかの特殊な周波数成分の存在が、被験者の精神的内面状態を客観的に示す指標となるはずと考えてのことだった。その目論見は的中し、現在では五種類の周波数域の活動電位変動が「脳波」として測定され、医学的臨床現場から科学的基礎研究に至るまで脳科学研究に必要不可欠なものとなっている。

その五種類とは、周波数が30ヘルツを超えるガンマ波、14ヘルツから30ヘルツまでのベータ波、８ヘルツから13ヘルツまでのアルファ波、4ヘルツから7ヘルツまでのシータ波、そして3ヘルツ以下のデルタ波だが、八十年近くにものぼる膨大な研究事例によってそれぞれの脳波が発生しているときの精神的内面の状態は明確に判明している。それによると、ガンマ波は内面が険しく、怒りや絶望感などを強く感じている状態で優位となる。また、普通に覚醒している状態ではベータ波が主となり、精神的な緊張や思考の集中によってベータ波はさらに強くなってくる。

眼を開いている状態で発生する脳波のほとんどはベータ波とガンマ波であり、それよりも周波数域の低い脳波は眼を閉じていなければ出てくることはない。アルファ波は眼を閉じてリラックスしているとき、あるいは宗教家が瞑想や祈りを捧げているときに優位となるが、レム睡眠時にアルファ波が発生しているときはほとんどの場合に夢を見ていることも知られている。その意味でも、「合気＝夢想」という事実を解明するための重要な鍵となるのがアルファ波だといえるかもしれない。

シータ波については、いわゆる超能力者と呼ばれる人達がその能力を発揮するときに特に優位となる脳波だという研究もあるし、何かを直観的に閃くようなときにも発生しているといわれている。最後のデルタ波は、ノンレム睡眠で完全に意識を失って熟睡しているときの内面で優位となる、最も脳が不活性となっている状態の指標と考えられている。

合気を使うときの精神的な内面状態を客観的に解明するため、僕自身の頭蓋全体を取り囲むようにして頭皮に多数の電極を取り付けて脳全体の脳波別強度分布（脳波トポグラフィーという）を測定しながら、静電遮蔽と外部感覚遮蔽が施された実験室の中で互いに正座した状態で両手首を押さえ込んでくる相手を爪先立ちするように合気上げを行った（写真15 - 17参照）。相手を務めてくれたのは複数の被験者で、どの人も初対面となる広島の大学生や院生だったが、一人が総合格闘技の経験者だった他は武道の経験はないとのことだ。

その結果わかったのは、合気を用いないときに比べて合気を用いるときには後頭部右辺りの脳組織からアルファ波が強く出ているということ。しかも、通常はあり得ないことだが、眼が開いているにもかかわらずアルファ波が出ていたことになる。そして、アルファ波以外の脳波ではほとんど変化は見られないということだ。そのときの典型的な脳波トポグラフィー影像を、口絵カラー図版1と2に示してある。

ということは、相手に合気をかけるときの内面が客観的にはアルファ波優位となっている、つまりレム睡眠で夢を見ているときや眼を閉じてリラックスしたり瞑想したりしているときの精神状態に近いということになる。アルファ波優位の状態を主観的に表現すると、宗教家の瞑

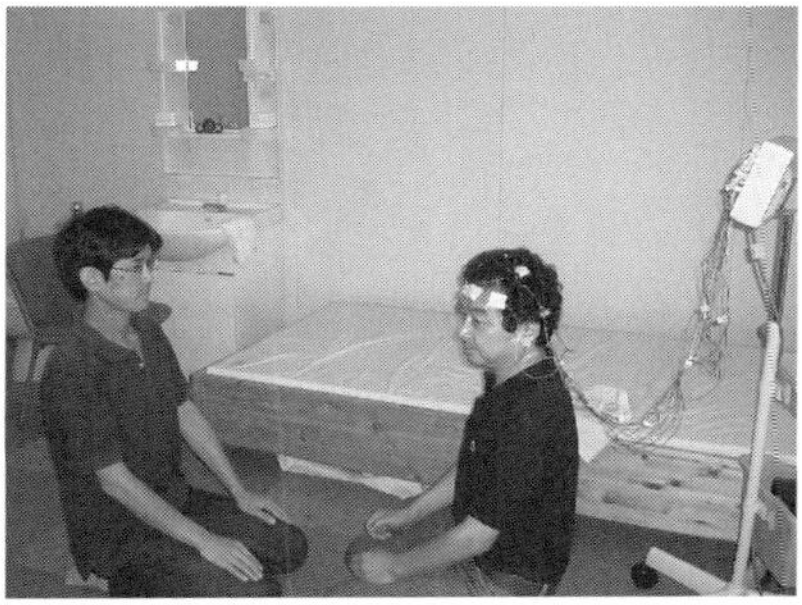

写真 15　合気上げをするときの脳活性を脳波トポグラフィーで計測している実験の様子

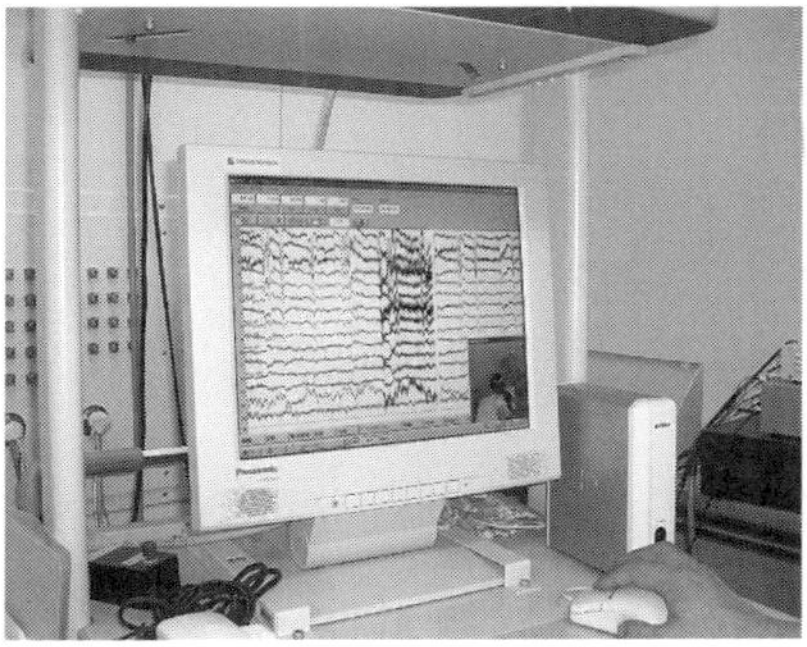

写真 16　脳波トポグラフィー装置

想や祈りのときの至福感、雑事を忘れてのんびりとリラックスできているときや眠りに落ちる直前の安心感、あるいは夢うつつで生きているような超絶感などといったものになると考えられているが、それはまさに僕自身がそのときに主観的に感じている精神的内面に近いものだ。

そして、アルファ波優位の状態がこのような主観的感覚を与える背景には、アルファ波が発生する脳活性の状況においてベータエンドルフィン、ドーパミン、セロトニンあるいはPEAなどの脳内ホ

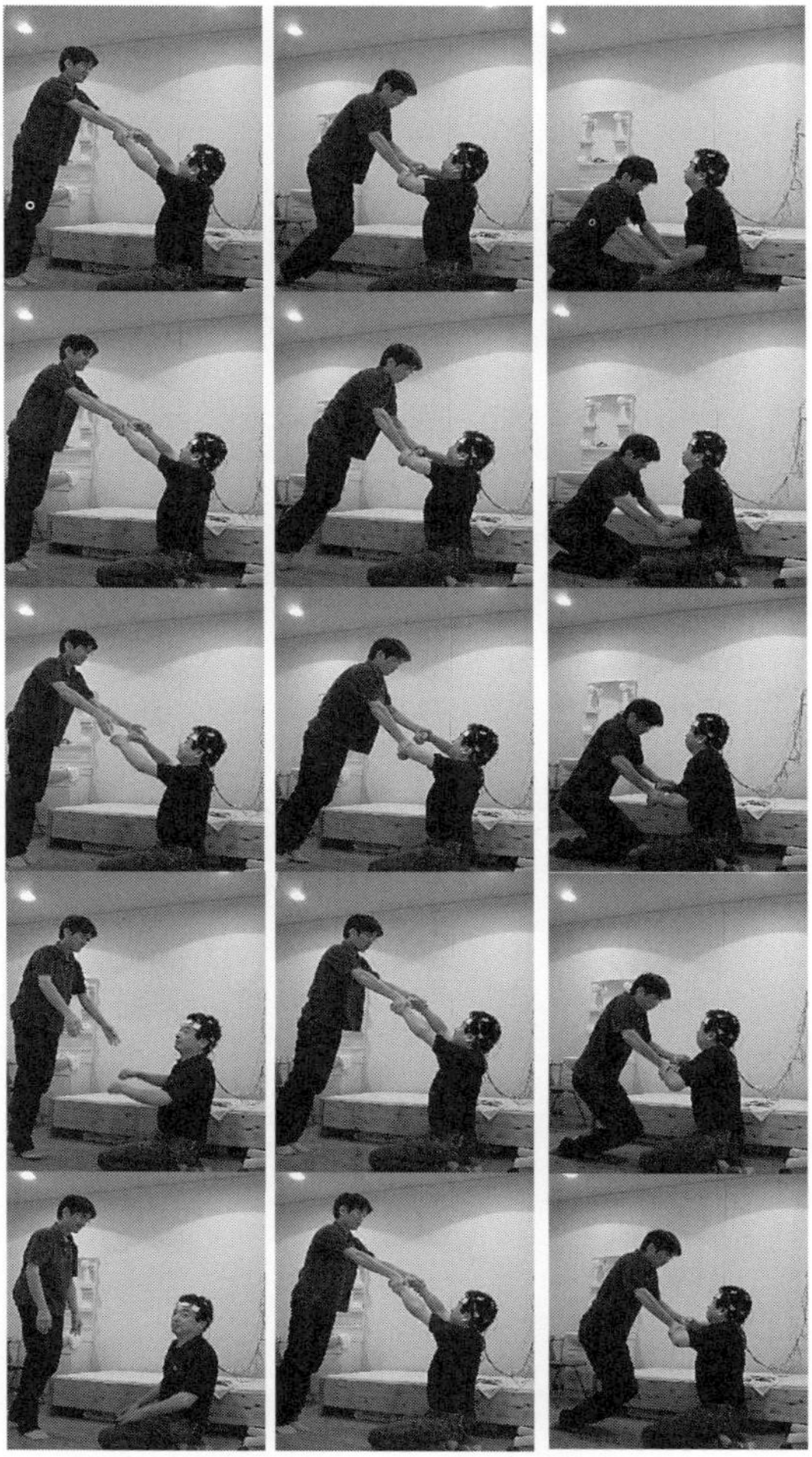

写真 17　脳活性を脳波トポグラフィーで計測しながら実験室内で合気上げをしている連続分解写真

ルモンの分泌が活発となり、これらのホルモンによってストレスのないリラックス感や幸福感が誘発されると考えられている。

こうして、合気をかけているときの精神的内面の状態が、確かに本人が主観的に「夢想」しているかのように感じる状態に近いものであることを脳波トポグラフィーによって裏づけることができた。まさに「合気＝夢想」であり、合気柔術の極意技法「合気」と一刀流の極意「夢想剣」の背後には、共通の精神的内面の操作技法が潜んでいたことになる。

合気や夢想剣といった武道の極意技法とは直接関連はしないかもしれないが、太極拳などの中国武術の専門家の間では以前から脳波が精神的内面の状態を表す重要な指標として用いられていたようだ。実際に、「意識的に稽古していたものが意識から解放されて無意識になるというのは、脳波的にはアルファー波になっている」とか、「気をつけているうちはベータ波が働くからだめで、それがアルファ波にならなくてはいけない」、さらには「脳波の状態が動きや技の質を変える」や「意識しているうちはだめで、そんなことに気をつけなくても自然にそういう形になったときから初めて効果が出てくるのは瞑想と同じ」といった教示がなされている。

確かにその昔から武道を極めんとする者は必ずといってよいほど禅の修行をも心がけ、いざというときにも常に平常心で対処できるように内面をも鍛えていったのだが、ひょっとするとその背景にはアルファ波優位の脳活性状態を生み出すという、精神物理学的に見てより深いレベルでの目的があったのではないだろうか。そう結論づけたくなるのは、僕だけではあるまい。

機能的磁気共鳴画像法と大脳基底核

ドイツの精神物理学者ベルガーによって考案されてから既に四半世紀が過ぎているため、脳波については脳科学や精神科学の分野で実に多くの研究がなされてきた。しかしながら、それがあくまで頭皮に取り付けられた電極から頭蓋を隔てて測定された脳組織の活動電位であるため、大脳皮質や小脳などのごく表面における脳細胞集団の広範囲における平均的な電位変動でしかないのも事実だ。したがって、より深い部分にある大脳辺縁系や大脳基底核、さらには脳幹などの活性までもが反映されているわけではない。

長い間脳波の独壇場だった脳活性計測の場面をガラリと塗り替えたのが、機能的磁気共鳴画像法（fMRI）だ。これは身体各部の精密な断層影像を撮影することができる磁気共鳴画像法（MRI）において、毛細血管中のヘモグロビンが酸化された状態と脱酸化された状態では磁気的性質が正反対となることを利用して毛細血管と個々の脳細胞の間での酸素のやり取りを計測することで、脳細胞の活性の度合いを酸素消費量の大小によって脳の断層影像の上に表示する装置に他ならない。

最新のものでは分解能も数ミリメートル程度にまで上がっており、脳の中心部に至るまで脳細胞の活性を正確に読み取って映像化することができる点で、脳波による脳活性計測を完全に凌駕しつつある。ただし、脳波計と違って極端に高価な大規模計測施設であり、強磁場を利用するための様々な危険性から被験者を守るために取り扱いにも注意しなくてはならない。さらには、被験者は完全に横になって身体を固定された上で、狭い装置内に長時間にわたって頭を含む上半身を閉じ込められ、装置から発生する激しい機械音にもさらされてしまう。そのため、閉所恐怖症でなくとも平常の精神的内面を保つのは難しいし、加えて何らかの精神的作業を要求されたとしても被験者本来の脳の働きが阻害されてしまう可能性も否めない。

そのような難しさを考えれば、当然ながらいくら正確無比な脳組織深部までの活性を計測できるからといって、合気をかけているときの脳活性分布をｆMRIで測定する実験を計画することは断念するのが妥当だろう。いったん電極の束を頭皮に取り付けてしまったなら電線の余裕がある範囲である程度は自由に動くことができる脳波計だからこそ、正座している状態で両手を押さえ込んできた相手を爪先立ちするまで上げてしまう合気上げを実験室内で実際にやることもできたのだ。ところが、ｆMRIの場合には水平な台の上に仰向けで完全に横になり、身動きひとつできないように身体を固定されてしまう。これでは、合気を使う技の中で身体が最も動かない正座しての合気上げすらできないことになるのだから！

これまた小野田貴樹教授が実験の計画を立て、広島市内に設置されたばかりの最新式のアメリカ製fMRIが利用できるようにして下さったとき、僕は頭を抱えてしまった。合気上げもできない状況で、いったいどうやって合気の実験をすればよいのかわからなかったからだ。幸いというか、それが必要な病状を持ち合わせていたということでなら不幸にもというべきか、僕はそれまでに六回以上もMRIのお世話になっている。そのため、あの極度な閉塞感のある狭い棺桶のような装置の中に閉じ込められ、耳元でガンガンという激しい機械音にさらされても何ら精神的内面が乱れることもなく平然としていられるし、ときにはウトウトと眠り始めていたこともあったほどに慣れ親しんでしまっていた。

そういうわけで、僕自身はfMRIが動作している過酷な状況においても、いつもと変わりなく相手に合気をかけることができる自信はあった。だが、問題は別のところにあったのだ。正座することすら許されず、仰向けに横になって身体を動かすこともできない状況で、いったいどんな合気技ができるというのか、という……。

しかし、まさにそんなときだ、僕がふと在りし日の佐川幸義先生が道場で語って下さったことを思い出したのは。それは、既に何冊かの本にも紹介されていた話で、八十三歳の武田惣角が会津柳津温泉で倒れ、三十九歳となっていた佐川先生がすぐに駆けつけたところ、半身不随で寝ていた状態で動く方の片手を両手で押さえるように命じられたというものだった。このとき、武田惣角は横になっていた状態で佐川先生に合気をかけることによって押さえられていた手を上げてしまったのだが、佐川先生はこのとき合気の本質を見抜くことができたという。

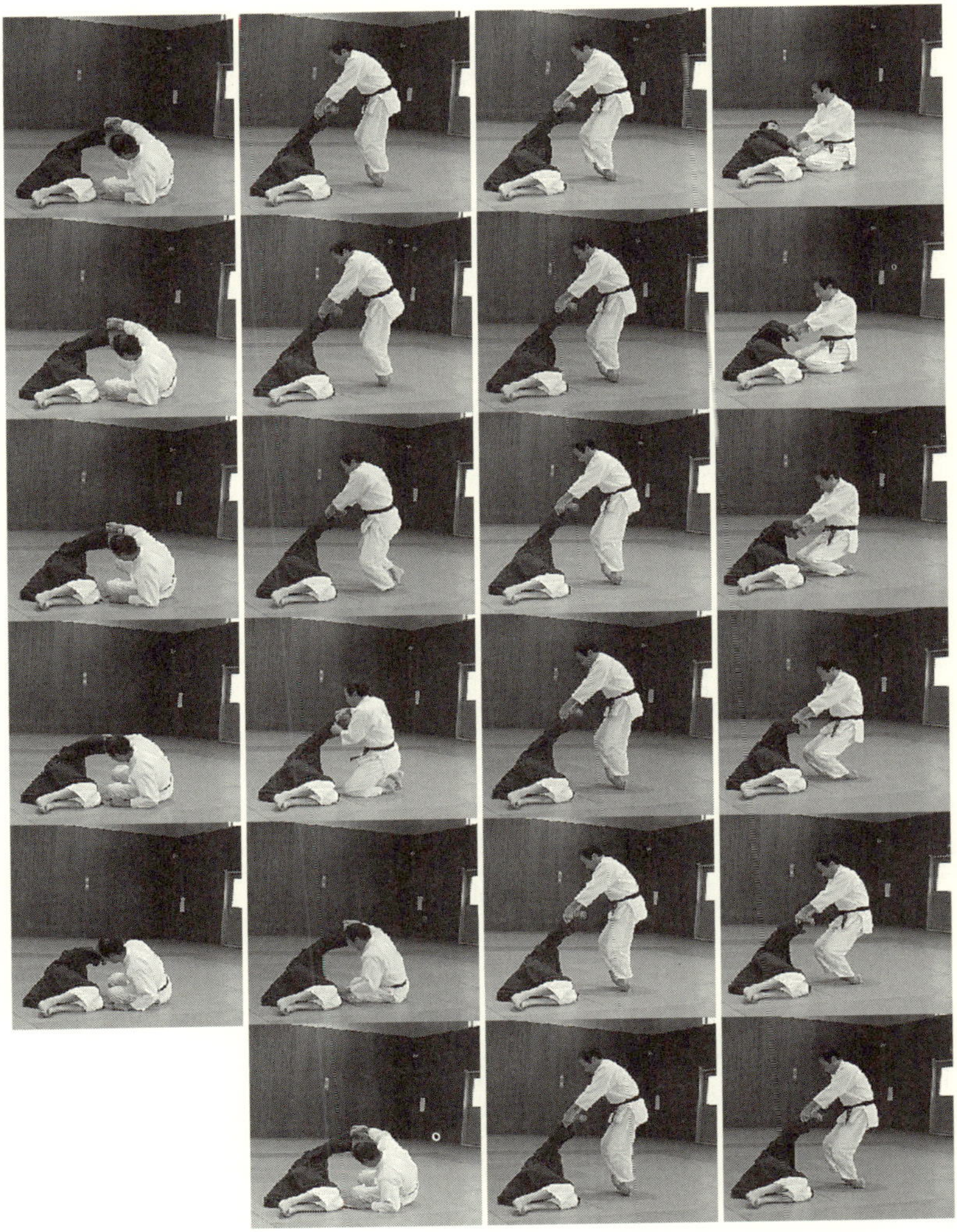

写真 18　横になった状態で腕を押さえられたときの「合気上げ」の連続分解写真

なるほど、大東流合気柔術を興した武田惣角は病の床に伏せっていても、横になっている状態のままで合気上げをやってみせることができたのだ（写真18参照）。それならばfMRIの台の上に仰向けに横になっているときでも、同じように合気上げができるはず！

そう考えた僕は、fMRIの強磁場にさらされる巨大電磁石の側に立った位置で、台の上に横になった僕の腕を押さえてくれることをいとわない被験者を捜してくれるように小野田教授に依頼した。こうして、合気をかけているときの僕の脳組織における活性強度分布の全貌を知ることができたのだが、その結果はかなりセンセーショナルなものとなった。実際のところ、実験開始前に手順の解説を聞いたfMRI診断の担当者の方々はそんなことで脳内活性に大きな変化が出るとは思えなかったようで、やっても意味のない実験につき合わされてしまったという雰囲気があった。ところが、実験を始めると普通なら考えられないような活性分布が明確に現れてきたため、担当者達は驚くと同時に大きな興味を示し始めたのだ。

実験の手順はこうだ。

まず、fMRI装置の中に頭部をはめ込む形で台の上に仰向けで横になった状態で固定された僕の右手首を、被験者が側に立った位置から片腕あるいは両腕で押さえる。これに対して、僕が武田惣角のように横になったままで合気上げを行う。ただ、いくら横になった状態での合気上げとはいっても、本当に腕が上がるまでやってしまったならば首から先の頭蓋骨も数ミリ単位で動いてしまうことになり、精密測定ができなくなると指摘された。そこで、fMRIの台の上に横になって合気上げをするとき、

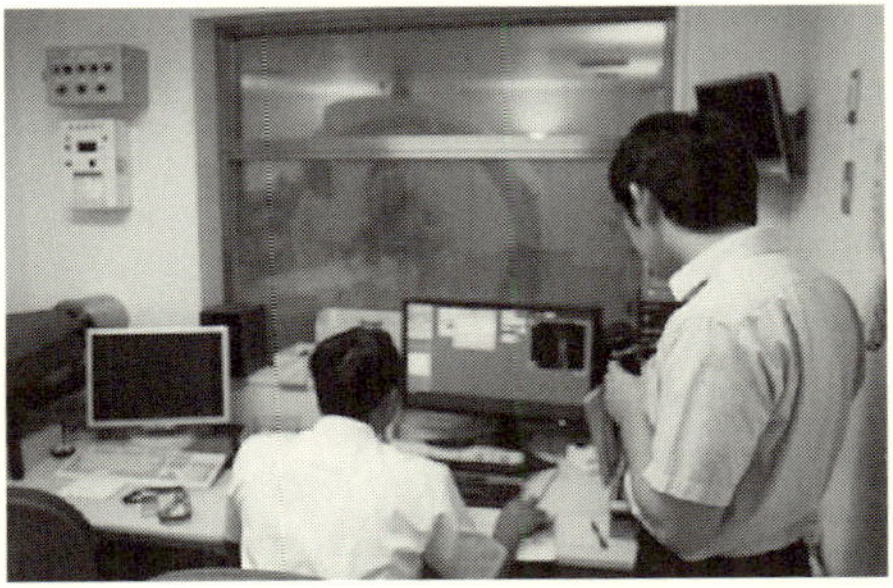

写真19　fMRIで計測されながら横になった状態で合気上げをしている様子をガラス窓越しに制御室から見たところ

腕を押さえている相手に合気をかけるにはかけるのだが実際には合気上げをする直前の状態のままで手は動かさないことにした（写真19参照）。

　また、ヘッドホンを介した制御室からの指示に従い、30秒間合気を使って合気上げをした後30秒間は何もしないという試行を連続して10回繰り返すという計測実験を基本的な一単位とし、これを何単位も行った。これによって、合気によって合気上げをした状態と何もしない状態の差違のみを計測することができるため、今回の実験目的に不必要な脳内活性をスクリーニングすることができる。さらには比較対照のために、30秒間合気を使わないで手だけ上げようとする動作をした後30秒間は何もしないという試行を連続して10回繰り返す計測実験も複数回行った。

　こうして明らかとなった事実を以下に列挙しておくが、この実験によって得られた合気をかけているときの脳内活性強度断層分布影像は口絵カラー写真1から10の中にあり、そこでは比較対照のために撮影された同じ状況で合気をかけていないときの影像も逐次示してある。

○　合気をかけているときには、大脳右半球の皮質と髄質に広範囲の活性部位が存在する。その中でも特に右大脳基底核が強い活性を示している。また、右半球の脳幹も活性化している。

○ 合気をかけているとき、大脳左半球では大脳皮質の前頭前野にある42番野のあたりが唯一活性化している。

○ 合気をかけていないときには、脳組織の中に何ら特別な活性を示す部位は存在しない。

むろん、実験当時の僕はそれこそモルモットだったため、制御室でfMRIの撮影像を見守っていた小野田教授が率いる専門家達の興奮ぶりに生で触れることはできなかったのだが、後で聞いたところによるとかなりのものだったという。中でも専門家を最も唸らせたのは、右脳の活性をここまで顕著に引き出せる人間の精神活動が存在したという点と、さらにはその右脳の活性・不活性を30秒おきに本人が意図的に切り替えることができたという点についてだった。

というのは、ちょうどその時期に理化学研究所が中心となって、日本棋院のプロの棋士達が将棋を指しているときの脳活性をfMRIで調べるという研究が進められていて、既に途中経過が公表されていた。そこには、通説として信じられていた名人級の将棋ではイメージ処理に長けた右脳が使われているということを科学的に裏づける目的があったのだが、実験結果はまったく逆だったのだ。つまり、プロ棋士の人達が将棋を指しているときには、右脳は活性化されずに左脳だけが活性化していることがわかった。その結果、これまで何となく信じられていた、「強い棋士は盤面の流れを右脳でイメージ的に捉えている」というのは集団的な思い込みにすぎず、本当は「強い棋士は盤面の流れを左脳で論理的に計算しながら捉えている」のだと判明したという。

ただ、名人級の棋士一人についてだけ、左脳の強い活性に加えて右脳も少しだけ活性化しているという結果が得られていたのだが、それでもその右脳の活性・不活性を30秒おきに意識的に切り替えるなどは考えられず、ただ将棋の対局をしている時間を含んで右脳がだらだらと弱い活性を示し続けるといった程度だったようだ。

そんなわけだから、合気という武道の極意技法を操るときに右脳が大きく活性化された右脳優位の状態が現れ、しかもその右脳の活性・不活性を本人が精神的内面を意図して変化させることで自在に操ることができたという事実を前にして、小野田教授達が驚いたということも大いにうなずける。

だが、fMRIによる脳活性計測の専門家達の興味が右脳の活性と随意制御に向けられていたのとは違い、僕自身はむしろ合気をかけたときに大脳基底核や脳幹が大きく活性化されるという点に着目し始めていた。何故なら、大脳基底核こそは5秒以下の短い時間間隔の把握時に活性化する短時間知覚中枢であり、合気をかけられた相手が1秒間という短い時間間隔についての知覚を狂わされるという実験結果から、合気が作用する相手の脳組織は脳幹ではなく大脳基底核だと考えつつあったからだ。

確かに、大脳基底核の働きが阻害されるとパーキンソン病と同様に、相手の筋肉の動きが鈍くなって身体運動の自由が奪われてしまうし、逆にハンチントン舞踏病と同様の現象が現れる場合には相手が何ら意図することがないにもかかわらず身体運動のための骨格筋が勝手に緊張して無意識の動作を生んでしまうと考えられる。そして、これは立った状態で合気をかけられた相手が自由な足運びがで

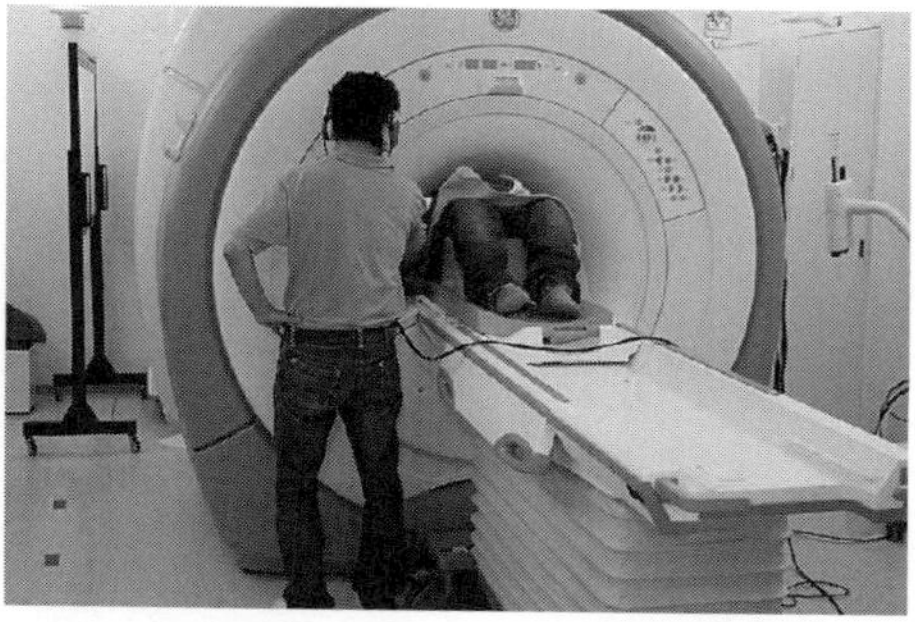

写真20　fMRIで計測されながら横になっている被験者の側に立った位置から合気をかけている様子

きなくなって倒れてしまうという「合気による力抜き」現象と、正座した状態で相手自身を爪先立ちで立ち上がらせるまで大腿筋を相手の意識には上らないように極度に緊張させる合気上げで利用される「合気による力ませ」現象とを説明するには好都合な脳科学的事実となっている。

とはいえ、今回のfMRI実験によって判明したのは、合気をかけられた相手の大脳基底核の活性が合気によって阻害されたというのではなく、あくまで合気をかける側の人間の右大脳基底核が合気をかけていたときに強く活性化していたということにすぎない。したがって、合気をかけているときに、かける側の大脳基底核が活性化しているという事実とかけられる側の大脳基底核の活性化が阻害されているという事実が異なる実験によって独立に見出されたというだけであり、両者の間に何らかのつながりがあるか否かについては今後の研究結果を待たなくてはならない。合気をかける側の大脳基底核の活性が、如何なるメカニズムで合気をかけられる側の大脳基底核の不活性あるいは活性阻害をもたらすかについても、精神物理学における将来の大きな研究課題として是非ともチャレンジしたいと願うのは、僕だけではないだろう。

もちろん、fMRI装置で横になった被験者の側に僕が立った位置から被験者に合気をかけているときの被験者の脳活性を測定する実験も同様の手順で何度も行ったのだが（写真20参照）、それで判明したことは合気をかけられている相手の脳組織にはどこにも活性部位は生まれなかったということ。ただし、これも実験後に専門家を交えた議論の中で小野田教授が整理して下さったのだが、実は fMRI は空間的分解能は数ミリメートル程度と細かいのだが、時間的分解能は数秒間程度となっていて、それよりも短時間で終わってしまう活性変化については原理的に計測することができないという。

確かに、合気をかける側では精神的内面を合気をかけられる状態に持っていく時間は数十秒から数分という長い時間となり、fMRI の時間的分解能で充分に捉えることができると思われる。ところが、合気をかけられた側の反応を見ると、その効果はすべて一瞬のうちに投げ倒されるというもので、ほとんど1秒以内に技が決まってしまう。これでは、時間的分解能が数秒間程度という fMRI では、合気をかけられた相手の脳活性変化を捉えることはできない。

残念ながら、fMRI の時間的分解能がミリ秒単位になるには、さらに十年近い基礎研究が必要といわれている。せめて、そのときにも合気を操ることができる数少ない被験者の一人となれるよう、長生きを心がけたいものだ。

光トポグラフィーと大脳皮質停止

こうして、合気をかけるときの僕の脳組織の活性を機能的磁気共鳴画像法（fMRI）によって調べたところ、右脳の広範囲に活性が強い部分があり、特に大脳基底核が大規模集中的に活性化していることが判明した。ところが、合気をかけられた相手の大脳基底核の活性が合気によって阻害されることが期待されていたにもかかわらず、fMRIでは時間的分解能の悪さでその事実を突き止めることはできなかった。

こうなると、精神的内面における1秒の感覚が合気をかけられることによって狂ってくることを示した打鍵実験が、間接的にではあるが合気をかけられた相手の大脳基底核の活性が低下していることを示唆する唯一の状況証拠と考えられる。現在の時間的分解能ではfMRIによる直接的な証拠の採取は望むべくもないが、せめて打鍵実験以外の状況証拠もできるだけ集めておきたい。

そう考えた僕は、脳組織の活性強度分布を計測する装置の中で最も新しく、また時間的分解能が極めて高いという評判の近赤外光脳計測装置（光トポグラフィー）を用いてみることを考え始めていた。

幸いにも、スポーツ運動科学が専門の八頭芳夫さんと米国で活躍されている脳科学者の森本慶子さんが、合気上げのときの合気をかける側である僕とかけられる側である被験者の脳活性を、0.1秒精度で時間的に追跡する実験を計画してくれたため、思いのほか早い時期に実現できることになる。実験に使用する光トポグラフィー装置は、森本さんが共同研究している大学のご厚意で臨床研究室に設置された日本製のものをお借りすることができ、操作も専門スタッフにお願いすることができた。

実験の設定と手順は、まずは以前に小野田教授が計画した脳波トポグラフィーの計測実験と同じにした。即ち、僕自身の頭蓋全体を取り囲むようにして頭皮に多数の近赤外線レーザー発光素子と受光素子のプローブ（探査接合体）を取り付けた上で、実験室の中で互いに正座した状態で両手首を押さえ込んでくる相手を爪先立ちするように合気上げを行うのだ。むろん、今回の実験で重要なのは僕の脳活性を調べることではなく、逆に合気をかけられる相手の脳活性の変化を捉えることにある。そのため、脳波トポグラフィーのときと同じ設定にした実験はあくまで準備的なものにすぎない。

より重要な実験設定は、合気上げで上げられる被験者の頭皮に多数の近赤外線レーザー発光素子と受光素子を取り付け、被験者は実験室の中で互いに正座した状態で僕の両手首を押さえ込むというものになる。このとき、僕が被験者に合気をかけて爪先立ちになるまで腕を上げていくのだが、その間の被験者の脳活性を光トポグラフィー装置によって高い時間的分解能で計測していくことができるのだ。

脳波トポグラフィーは、頭皮の電極から頭蓋の表面電位分布を計測することで、脳組織における表面に近いところの脳細胞集団の活動電位変動の強弱を脳波として捉え、その頭蓋表面分布強度を図示することができる装置だった。光トポグラフィーでは、頭皮に取り付けた多数のプローブにある近赤外線レーザー発光素子から頭蓋内に向けて近赤外線光を照射し、その光が頭蓋を貫通して脳組織の中で散乱されて再び頭蓋の外に戻ってきたところを、やはりプローブにある受光素子で受信する。それによって、脳組織の中で近赤外線光がどの程度吸収散乱されたかがわかるが、近赤外線光は頭蓋骨や水などによっては吸収散乱されにくいという性質と、血液中のヘモグロビンが酸化した状態と酸化していない状態では吸収の度合いが大きく違うという性質を持っているため、そのデーターを基にして脳細胞に酸素が取り込まれた分量がわかる。脳細胞が酸素を消費するということが脳細胞の活性を表しているのは、fMRI の動作原理と共通しているところだ。

ただし、いくら近赤外線光が頭蓋骨や水で吸収されにくいとはいっても、その他の生体分子による吸収散乱を受けるために実際に受光素子で受信できるのは大脳皮質に達した近赤外線光に限られてくる。そのため、残念なことではあるが、光トポグラフィーではとても大脳基底核の活性を捉えることはできない。もし、近い将来により強力な近赤外線レーザーを用いた光トポグラフィーが考案されるならば、そのときには大脳基底核の活性を高い時間的分解能のまま直接的に計測することが可能となるかもしれない。だが、現在の技術レベルでは、大脳皮質の活性に限定されているのだ。

だからといって、これまた fMRI の時間的分解能が高くなるのを指をくわえて待つのと同じで、光トポグラフィーの脳探査深度が大脳基底核にまで達するのを手をこまねいて見ているわけにもいかない。たとえ悪あがきとなったとしても、今現在の技術レベルで最善の努力をするのが科学者魂というものではないか！

そう考えた上で、ともかく光トポグラフィーによって何らか計測しうる範囲での、合気をかけられた被験者における脳活性の変動を見出すことを目指して、実験を開始した。まずは合気をかける僕自身の頭を囲むようにプローブを取り付け、正座した位置からの合気上げのときの大脳皮質活性を計測する（写真21参照）。むろん、比較対照のために合気をかけないで相手を上げようと努力するときの大脳皮質活性についても計測したことはいうまでもない。

その結果はｆMRIでの先行実験の結果から予想されたとおりで、合気をかけているときとそうでないときで系統的な差違は見られなかった。合気をかけているときに強く活性化する大脳基底核は

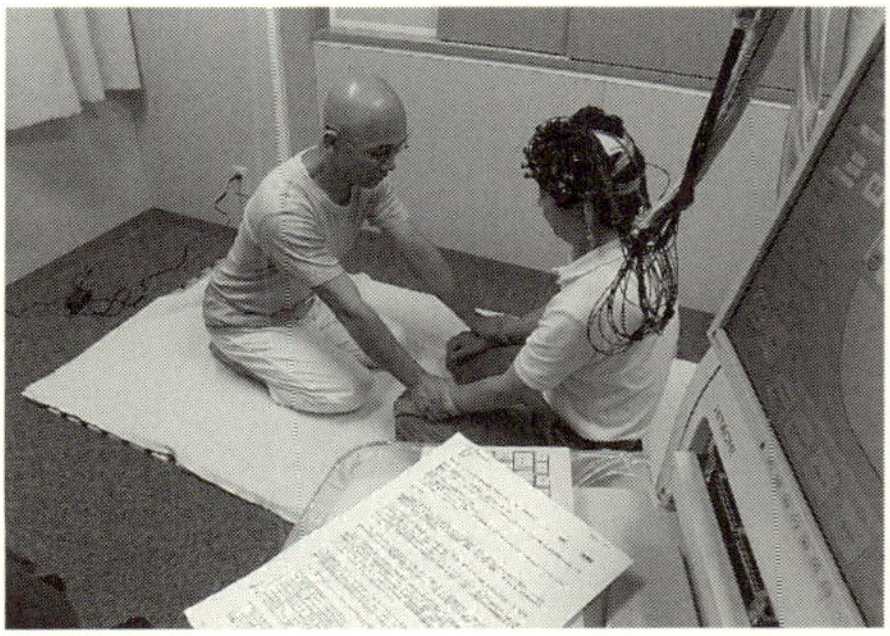

写真 21　光トポグラフィーで大脳皮質活性を計測されながら合気上げをしている実験の様子

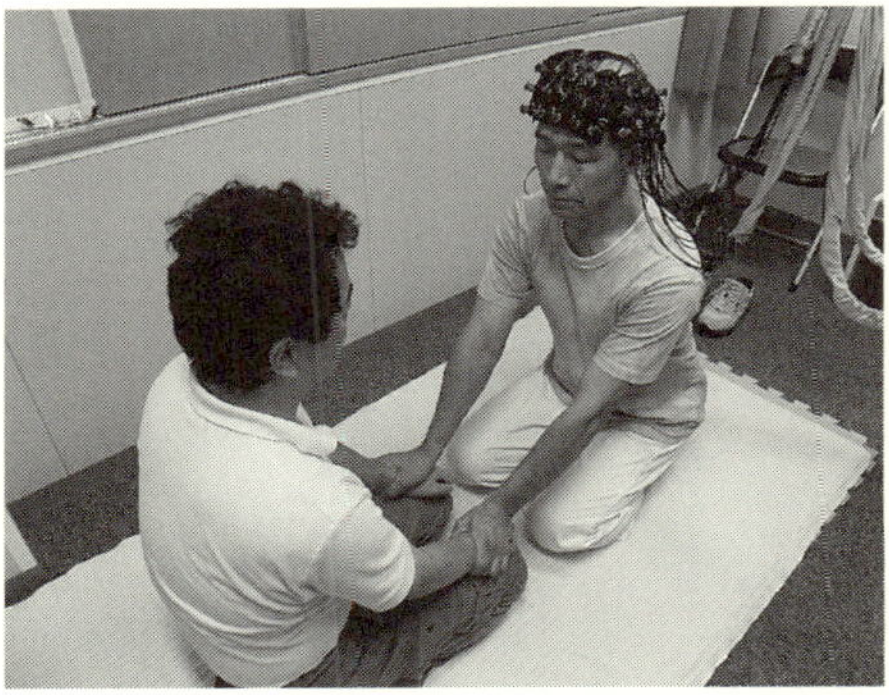

写真 22　光トポグラフィーで相手の大脳皮質活性を計測しながら合気上げをしている実験の様子

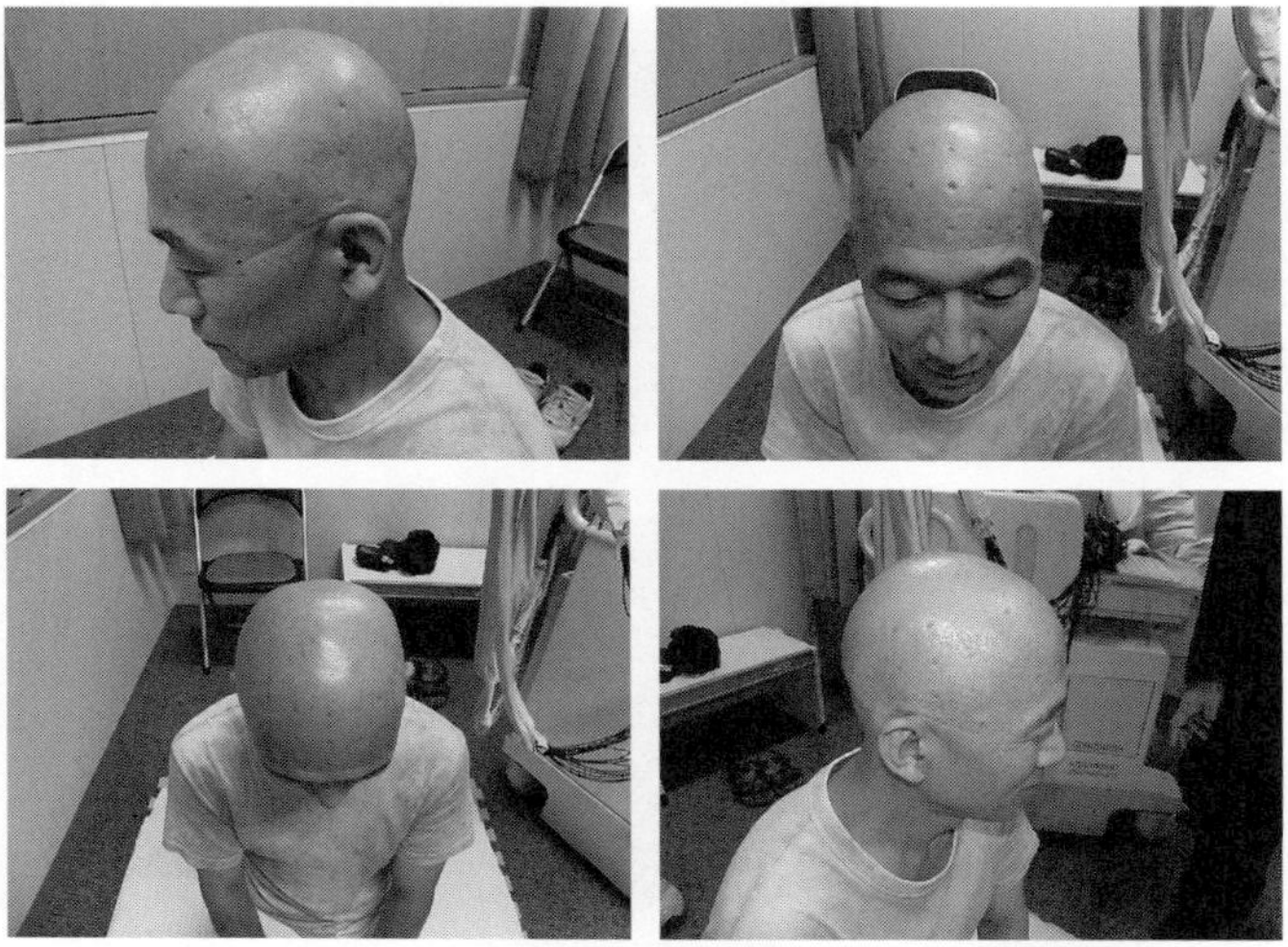

写真 23　光トポグラフィーのプローブが取り付けられた頭蓋上の痕跡

脳の表面から深いところに位置するため、光トポグラフィーではその活性を捉えることができないと考えられるからだ。

次に、相手を務めてくれる被験者の頭にプローブを取り付け、正座した位置から同様に合気上げ実験と合気を使わない比較対照実験を行った（写真22参照）。fMRIで計測可能な数秒以上の時間的分解能では合気をかけられた相手側の脳活性を捉えることができていなかったため、時間的分解能の高い光トポグラフィーでの計測に大きな期待がかけられていた。そのため、できるだけ計測の設定を理想的なものとするため、近赤外線光の散乱吸収要因のひとつである頭髪のない人ということで、禅僧の不死身一笑師に被験者になっていただいた。さらには、頭髪がないため実験後にもプローブの位置がはっきりと残り、大脳皮質活性強度分布の位置決めも正確にできることになったのも別の利点だ（写真23参照）。

こうして、ひとつの大きな成果が得られることになる。それは、合気がかけられた瞬間から爪先立ちになるように上げられてしまう0.5秒程度の間に被験者の大脳皮質が広範囲で脳細胞の活性が急激に低下し、その後は逆に活性が急速に上がって上げられた状態から正座の状態にもどる間も大脳皮質は全体として強い活性を示すということだ。こうして捉えられた合気をかけられている間の大脳皮質における活性低下のレベルがどの程度のものかを調べるために、禅僧が深い瞑想状態になったときの大脳皮質活性も光トポグラフィーで計測したのだが、通常の覚醒状態における大脳皮質活性よりも数段活性が低下している瞑想状態に比べても、合気をかけられたときの大脳皮質活性はさらに大きく低下していた。まるで、大脳皮質の活動が停止したかのようなレベルだ。

むろん、今後の大規模な追実験の結果と合わせた最終的な解析を待たなければ断言はできないが、合気をかけられた側の大脳皮質は0.5秒程度の一瞬の間ほとんど機能していない、つまり一瞬の間だけ正常な意識を失った精神的内面となっている可能性が高い。これは、合気をかけられた被験者の多くが持つ「一瞬頭の中が真っ白になったと思ったら、もう身体は完全に崩されたり上げられたりしていた」という主観的印象を客観的に裏づけるものとも考えられる。また、このような短時間における相手側の大脳皮質活性の低下がfMRIによって計測されていなかったのは、その時間的分解能が数秒程度であるという不可避の特性によるものに違いない。

その意味では、たとえ大脳基底核や脳幹といった深部組織の活性を捉えることができない光トポグラフィーであっても、表面に近い大脳皮質に限定するならば時間的分解能の高さを活かして精神的内面の状態変化を脳活性部位の時間変化として客観的に捉えることができる精神物理学の新しい技法として、脳波トポグラフィーと組み合わせて利用されるような方向が検討されるべきかもしれない。幸いにも、脳波トポグラフィーの電極と光トポグラフィーのプローブにある近赤外線レーザー発光素子や受光素子との間には、何ら干渉効果を生じることはないのだから。

夢想剣と合気の極意

こうして、合気柔術の極意技法である合気をかけることによって相手の大脳皮質の活性が一瞬の間極度に低下し、その間は精神機能が停止してしまった状態に陥っているのではないかと思われる実験結果を得ることができた。だが、大変に残念なことではあるが、現在の先端技術レベルにおける機能的磁気共鳴画像法（fMRI）の時間的分解能の壁と近赤外光脳計測装置（光トポグラフィー）の計測探査深度限界の壁に阻まれた形で、相手の大脳基底核の活性までもが阻害され機能低下状態になっていることを直接的に示すことはできていない。大脳基底核の機能低下については、合気をかけられることによって被験者の1秒感覚が狂わされるという間接的で状況証拠的な実験結果が得られたにすぎないのだ。

したがって、直接的証拠を手中に収めるためには今後のfMRIや光トポグラフィー技術の革新的向上、あるいは時間的分解能が高く計測探査深度の限界がないまったく新しい脳活性強度分布計測手法の開発を待たざるを得ないということになる。もちろん、それを待つ間にも、既に行った計測実験をより精密に系統立てて大規模に計画することが必要であるし、実験手法や計測手続の工夫改良によって合気をかけられた側の大脳基底核や脳幹における脳細胞活性の低下を裏づけることができる道をも模索していかなくてはならない。

いずれにせよ、合気や夢想剣といった武道の極意技法に必要とされる精神的内面の操作という、これまでまったく科学の目をとおして語られることのなかった人間についての正体不明の特質に、現代の精神物理学が真っ向から挑んでいくのはこれが初めてに違いない。我々は真理という大海を前にしながら波打ち際で砂遊びをする子どもにも満たない無知なる存在であることを肝に銘じながら、長い視野に立った繊細かつ大胆な研究を精力的に持続させていく必要があるのだ。さもなければ、人間存在そのものについての深い理解に至るための正道を見失ってしまうかもしれない。

このような重要かつ本質的な研究が、今後ますます活発に行われていくようになることを期待する意味で、最後に現段階までのところで浮上してきた合気と夢想剣の極意の作用機序についてまとめておこう。

【合気の作用機序】

一・相手が攻撃してくる前から自分の精神的内面をあたかも夢想しているかのような状態、たとえば夢遊病患者やすべての執着を捨て去った赤ん坊のような内面に作り上げる。このとき、眼は虚ろにして相手はもちろんのことどこにも焦点を合わさないで空《くう》を見ているし、自我意識による思考雑念は無視する。

二．このような内面操作により、自分の右脳が広範囲に活性化するだけでなく、大脳基底核が強く活性化する。

三．すると、攻撃してくる相手の大脳皮質の活性が一瞬の間だけ極度に低下し、その間は大脳皮質による精神機能が停止する。その結果、相手の意識に空白が生まれ、大脳皮質運動野による身体制御ができなくなる。

四．また、相手の大脳基底核の機能も低下し、その結果パーキンソン病の症状と同じように身体骨格筋の正常動作が阻害され身体運動の自由が効かなくなるとか、ハンチントン舞踏病と同様に何ら意図していないにもかかわらず骨格筋を緊張させる神経電位信号が末梢に送られ手足が勝手に動いてしまうようになる。

このような合気の作用機序の中で、二番から三番の過程の間には大きな溝（ミッシングリンク）が残っていると考える向きが多いかもしれない。確かに二番では合気をかける側における右脳、特に大脳基底核の活性が指摘され、次の三番では合気をかけられた側の大脳皮質や大脳基底核の活性が低下することが指摘されている。ということは、その間に何らかのものを媒介として合気をかける側の脳から合気をかけられる側の脳に作用が伝わったことになる。

しかしながら、この部分のミッシングリンクを埋めるためのすべての科学的な考察は、いわゆる超能力を科学的に解明するというすべての考察が陥るのと同じジレンマに陥ってしまうという点に注意しなくてはならない。我々の世界認識の中で科学的に捉えられているものがすべて互いに矛盾なく論理的にも実験事実としても整然とつながっていると思い込むのは、決して正しい理解に導いてはくれないのだ。形而下学的なことはそれ自体で完結することはなく、背後に潜む形而上学的な真実を解明しなくてはとうてい理解することさえできないのだから。

もし、ここでまとめた合気の作用機序の中、特に二番の過程が何故三番の過程を誘導するかについて正しく理解するためには、量子モナド理論に立脚した唯心論的物理学などの形而上学の枠組に頼らざるを得ない。興味ある読者諸姉諸兄には、是非にも量子モナド理論の提唱者自身による一般向け解説書『唯心論物理学の誕生――モナド・量子力学・相対性理論の統一モデルと観測問題の解決――』(海鳴社)の精読を強く勧める。特に合気の原理との関連については、前著『唯心論武道の誕生』の第二部において量子モナド理論における人間存在について議論してあるので、それも併せて読んでいただければと願う。

次に、こうして一応の形に見出された合気の作用機序を、「合気=夢想」という我々が辿り着いた仮説に基づいて一刀流の極意技法である夢想剣にあてはめてみるとどうなるだろうか?

【夢想剣の作用機序】

一．相手が太刀で斬り込んでくる前から自分の精神的内面をあたかも夢想しているかのような状態、たとえば夢遊病患者やすべての執着を捨て去った赤ん坊のような内面に作り上げる。このとき、眼は虚ろにして相手はもちろんのことどこにも焦点を合わさないで空を見ているし、自我意識による思考雑念は無視する。

二．このような内面操作により、自分の右脳が広範囲に活性化するだけでなく、大脳基底核が強く活性化する。

三．すると、斬り込んでくる相手の大脳皮質の活性が一瞬の間だけ極度に低下し、その間は大脳皮質による精神機能が停止する。その結果、相手の意識に空白が生まれ、大脳皮質運動野による身体制御ができなくなる。

四．また、相手の大脳基底核の機能も低下し、その結果パーキンソン病の症状と同じように身体骨格筋の正常動作が阻害され身体運動の自由が効かなくなるとか、ハンチントン舞踏病と同様に何ら意図していないにもかかわらず骨格筋を緊張させる神経電位信号が末梢に送られ手足が勝手に動いてしまうようになる。

五．そのため、相手が振り下ろしてきた太刀筋は相手が当初に目論んだものから外れてしまい、自分の身体を斬られることはなくなる「ぬけ」が実現される。

六．その間に夢想している状態を保ったままで自分の太刀を振り下ろすならば、身体運動の自由を失っている相手はその太刀筋をかわすことも刀身で受けることもできずに斬られてしまう。

如何だろうか？

これが真に伊藤一刀斎から小野忠明に伝えられた極意技法の作用機序であるならば、確かにそれを「夢想剣」と呼んだ理由も理解できなくもない。ただ、既に一刀流の中でも失伝してしまっている極意であるため、その正否を確認する術もないのが事実だ。かくなる上は、実際にここでまとめた夢想剣の技法の六過程を用いてみることで、その効果を明らかにする他ない。つまり、通常の剣術技法では明らかに自分よりもすぐれた人に相手を依頼し、ここで示した六過程を経ることによって相手に打ち勝つことができればこれが夢想剣の極意である可能性が高いということになる。

幸いにも、ここに示した内面操作による剣術技法は、既に触れたように「合気切り落とし」という名前で大東流合気柔術を興した小野派一刀流の達人武田惣角が用いていたものとも考えられるのだが、「合気切り落とし」であるならば既に写真12と13で明らかなように、その効果には目を見張るものがあった。そのとき相手を務めていただいた方々は、剣道や剣術の腕ではこの僕など及びもしなかったにもかかわらず、合気をかけた切り落としを使ったときだけは全戦全勝、しかも何本やっても斬り込んできた相手の左親指付け根の同じ点を打ち込めているのだ。

この事実からは、やはり「合気＝夢想」であり、一刀流の極意「夢想剣」は「合気切り落とし」と同じ、即ちここでまとめた六過程を経ることによって具現される精神的な内面操作を中核とした、精神物理学的に見ても極めて精妙な剣術技法なのではないかという強い確信が生まれてくる。

すべては、伊藤一刀斎と小野忠明の二人のみが知るところではあるのだが……。

おわりに

前著『合気開眼――ある隠遁者の教え――』と『唯心論武道の誕生――野山道場異聞――』に続く今回の『脳と刀――精神物理学から見た剣術極意と合気――』で、僕自身の合気体験と研究探訪について公にした「合気三部作」とも呼ぶべきものが一応の完成を迎える。この三部作の目的は、明治期以降に現れることになった「合気」という武道の極意技法について、その本質を明らかにすることにある。

そのため、合気を編み出し大東流合気柔術を興した明治の天才武術家・武田惣角の合気技法を受け継ぎ、長年の鍛錬と研究工夫によって武術的効果を究極にまで高めることに成功した佐川幸義宗範、あるいはその意志を継いで合気技法のさらなる飛躍に向かって日夜研鑽を続け武術・武道といった枠組さえも超えた一大新境地を開拓しつつある木村達雄師範によって完成された精妙の極致にある合気については論じていない。

本文でも触れてあるが、この三部作で公表した合気というものは広大無辺な合気実相のほんの入口に位置する程度のものであり、それを武道における効果的武術技法にまで高めるためには佐川宗範がその一生を賭した血の滲むような努力の末に見出した微に入り細に入る如き絶妙な身体技法や、「透明な力」と呼ばれるまったく滞らない作用力の発現技法などが必須となることを忘れてはならない。これについては、その武術技法としての性格上一般向けに公にすることは適当ではないだろう。

実際のところ、僕自身が主宰する岡山の野山道場での稽古においても、入門したその日のうちにある程度の合気を使えるようになる、即ち精神的な内面の状態を変化させる技法を身につける門人は少なくない。しかしながら、それを武術技法として武道に活かしていくためには先達が残してくれた教えの数々が必要不可欠であり、その点で佐川幸義宗範の下で学ぶことができたこの身の幸せを思わないときはないほどだ。精神的内面に気づいて合気の入口に差し掛かった門人には、できるだけそのような身体技法の存在を匂わせるような稽古をつけることを心がけてはいるが、むしろ初学者にとって難しいのはこの部分なのかもしれない。

そのため、むしろそのような合気を活かすための細かい技術体系をこそ一般にも公開するべきだとの意見もあるかもしれないが、やはり道場で共に汗をかくうちに自ずとわかってくる人となりが尊敬に値すると認められる門人に、その技法伝授（直伝）を限定しておくという古来の知恵に勝るものはないだろう。佐川幸義先生は僕が東京を離れるときに直伝講習を許して下さったのだが、他の高弟達を道場から排して先生と受講者の二人だけで細かく教えて下さるという直伝は僕が最後だった。合気をかけるための精神的な内面技法を身につけることに比べ、そうして発現される合気を武術技法として活かしていく身体技法を学ぶことのほうがはるかに重要であり、門外不出の扱いを受けるほどに厳選した相手に伝えなければならなかったに違いない。

この「合気三部作」によって合気の本質を広く公にすることにも抵抗はあったのだが、そのままではどうあがいたところで武術技法として完成したものになることはあり得ないし、逆に合気を具現するための精神的な内面操作そのものについては、それが魂に導かれた調和に溢れる生き様を歩むことができる活人術技法にもつながっているため、むしろ苦難に満ちた今の時代に生きる多くの皆さんにとっての一助となればと願って公開に踏み切ったというのが真実だ。

最後になったが、三部作の出版にご尽力いただいた海鳴社の辻信行氏と、特に合気と脳組織活性について精神物理学の観点から明らかにした本書に収録するための対談を快く引き受けていただいたパリ在住でフランス国立衛生医学研究機構の脳科学者・大谷悟氏には大変にお世話になったことを記して、感謝の意を表したい。大谷氏は新進気鋭の脳科学者であり、ご自身もボクシング選手だったことから現在ではパリ大学ボクシング部でも活躍するフランス認定のボクシングコーチという顔もお持ちだ。その意味でも、武道と脳のかかわりを論じる相手として、これ以上の適任者はいないだろう。

保江邦夫

二〇〇九年九月二七日

対談——合気解明を目指して

大谷 悟
保江邦夫

保江 今日は遠いところをお越しいただきありがとうございます。

大谷 いやいや、どうもこちらこそ、お招きありがとうございます。でも何をお話してよいのやら……。

保江 ざっと僕の考えを述べますので、それについて脳科学研究の最前線で活躍されている世界的な脳科学者としてのお立場から、それはあり得ないのではないかとか、いやもっと違うところに本質があるとか、こういう考えでよいのではないかとか、屈託のないご教示をいただければと思います。

僕自身は理論物理学者、より正確には数学と理論物理学の境界領域である数理物理学を専門にしているのですが、量子電磁力学という物理学の基礎理論のひとつを脳組織と電磁場の相互作用に応用した「量子場脳理論」あるいは「量子脳力学」も研究しています。そのため、脳科学や神経科学についてもある程度は理解しているつもりですが、何分にも理論的考察が先行する質で机上の空論に落ち込む危険性も抱えている身ですので、今日の対談は脳科学の実験研究に携わっていらっしゃる大谷さんのご意見をうかがえる貴重な機会と理解しています。

ということで、さっそく本題に入らせていただきます。それは、武道の極意技法として知られている「合気」と呼ばれるものを脳科学や物理学の観点から解明していくというものです。これについてはこれまで自分なりに考えて、こんなところではないかと温めてきているストーリーがありますので、まずはそれをお話ししたいと思います。

大谷　わかりました。

保江　実際に脳科学の実験に携わる専門家の目から見るとおかしなことを言うかもしれませんが、よくある理論家の早とちりや先走りだとご理解の上お許しください。

大谷　できる限り、はい。

保江　まず何を求めているのかというと、合気と呼ばれている武道の極意技を使うと普通なら考えられないようなこと、即ち筋力的にも運動神経的にもはるかに優位な相手が倒されてしまうという事実があるのですが、そのからくりを追究しようとしているのです。

海鳴社から出版した「合気三部作」の中の第一作『合気開眼――ある隠遁者の教え――』を読んでおわかりいただけたように、最初の頃は合気といっても非常に感覚的なものとしてしか捉えていませんでした。何か魂とか心とか、要するに、そういう脳とは直接関係ない、あるいは関係があっても脳科学の言葉や枠組とは違う視点で説明していたり、自分で自分を納得させていたりしていました。

その頃はどういうふうに考えていたのかというと、人間にはみんな魂というものがあるのだが、その魂はいつもは心の奥底に閉じ込められ封じ込められている。これは、僕自身がキリスト教の神父さん達と付き合いが長かったので感化されたのかもしれませんが、たとえばキリスト教のあの十字を胸で切る仕草がありますね。あの本来の意味は、実は自分の胸を切り裂いて中から自分の魂を解放するというものだそうです。
　キリストというのは魂の救世主といわれています。ユダヤ民族の救世主だとユダヤ人達が間違って理解していたために十字架の刑に追い込まれてしまったのですが、本当は全人類の救世主だったのです。人類の救世主というからには、何か人類全員をよりよい生活ができるように解放してくれる存在だと考えられてしまうかもしれませんが、そうではなくて全人類の魂の救世主だと位置づけられています。それはどういう意味かというと、本来人間に備わっている魂というものは、我々の自我意識とは違うものだということです。
大谷　その場合、魂というのはいわゆる心身二元論の魂、つまり何か実体的な、しかしボディーとは別の何か、という感じなのですか。
保江　とにかく、ボディーとは別のものです。もともと肉体を持って動物として生きていたヒト（ホモサピエンス）はチンパンジーやオランウータンといっしょで常時は四足で歩行し、たまに短時間だけ二足直立ができる霊長類だったのですが、そこに魂というものが入ってきた。
　これはオカルト的なトンでもない話に聞こえますが、そうやってヒトの中に最初に入ってきた魂の名前がサナート・クマラーだという説があります。それが最初に霊長類だったヒトのどれか一匹の中に入ってきた場所が、その後日本列島の鞍馬《くらま》山になるのだともいわれています。
大谷　ああ、そうですか……。
保江　何故に鞍馬山というかというと、サナート・クマラーがやってきたからであり、「クマラー」

がなまって「クラマー」となり「鞍馬山」となった。そんなトンでもないことをまことしやかに書いてある本をたまたま見つけたのですが、それはチャネラーと呼ばれる特異な能力を持つ人種の一人、要するに昔の魂に憑依されて文章を書いたり発言することができるアメリカ人が、大昔に何かそういうことを研究していた人の霊に憑依されて書いたものでした。そこに、人類の魂の歴史がずっと書かれていて、その中にサナート・クマラーも出てきていたのです。

そのサナート・クマラーなどの人間の魂は、もともとははるか遠いオリオン座の星雲とかからやってきていて、地球に到達する前はまず土星の生命に宿っていた。その後、金星の生命に宿っていて、金星の環境が悪くなってその生命体ももう駄目になって、次に地球にきてみたのだけれども、地球上の生命体はまだあまり進化していなくて魂を受け入れられる状況ではない。それで目に見えない形のまま上空で待っていたというのです。

しかも、その頃に起きたことが、アトランティス大陸とかムー大陸の伝説として残っている。したがって、アトランティスやムーについては物質として何か遺跡があるわけではなくて、そういう目に見えない魂の社会での出来事だったというのは、僕にはむしろ納得できる話ですね。失われたムー大陸とかアトランティス大陸の遺跡を探すための努力が続けられてはきたが、結局は何も見出されていない。しかも、当時のアトランティス人は身長三メートルを超えていたとか、そういう話も伝わってきているのは目に見えない形での魂の大きさだったのではないかとも思えます。

大谷　ええ、そういう話もありますね。

保江　はい。だから、そのほうがむしろ納得できるなと、僕自身も考えを改めました。僕は一応は物理学者ですから、この世の中に目に見えないもので生命現象と関わり得るものといったら、それはもう電磁場しかないと確信しています。ですから、魂も電磁場に関連している、あるいは同じ存在についてのひとつの側面を物理学では電磁場と捉え、別の側面を形而上学では魂と捉えているのではないかなと考えるようになったわけです。

それでも、そんな魂のひとつであるサナート・クマラ習得ーが鞍馬山に落ちてきたという話だけはトンでもないと思っていました。ところが、たまたまその頃に知り合いの尼崎にいらっしゃるカトリック伝道師の方から電話があり、先方の用件が終わってから「最近見つけた本の中では、鞍馬山に金星からやってきた魂が最初に落ちてきて人間に入ったのがサナート・クマラーで、それが訛って鞍馬山になったと書いてありました。アホみたいでしょう」と言ったら、「いや、鞍馬山にもちゃんとそう書いてありますよ」とおっしゃる。

そんなアホなと思って食い下がったのですが、彼のお父さんが学者ではないのだけれども在野の郷土史研究家で、特に鞍馬山の歴史を研究していたためにしょっちゅう子どもの頃から一緒に連れていかれていたので他の人達よりも詳しいとか。鞍馬山にはちゃんとそういう伝説が残っていて、行くとあちこちにちゃんと書いてあるそうです。金星人が落ちてきて、それが鞍馬の天狗だとか……。

大谷　金星人というふうに特定されているのですか。

保江　はい、僕も後で確かめましたが、そう表現されています。

大谷　そうですか。

保江　しかも、鞍馬の本堂の裏のもっと高い、貴船に下りるちょうど頂になったところに大きく割れた岩が祀られているのですが、その岩がサナート・クマラーが落ちてきたときの衝撃で割れたという伝説にもなっているというのです。そういうわけですから、それを聞いたときに僕は電話口で「えーっ、まさか。じゃあ、これに書いてあるのは嘘でないのですか！」と唸ってしまいました。

大谷　その方がその伝説を知ってらっしゃったのですか。だとしたら、その話は鞍馬を訪れた観光客でも知っている可能性もありますね。

保江　そうですね。実は、僕もそう疑ったのですよ、そのときは。アメリカ人の著者が昔観光か何かで鞍馬山を訪ねたことがあり、それで知っていたのかなと。ところが、その後また別のところからサナート・クマラーの話が出てきてしまい、結局はその荒唐無稽な物語だけでなく魂というものの存在も強く信じるようになりました。

そういうことで、魂というものがあるのだと確信した。我々が自分自身だと思っている自我意識というのは恐らく大半が前頭葉で生み出したものでしょうから、どちらかというと物質の延長ですね。物質の機能的作用で、いま我々が外界について持っている認識とか自分についての記憶が存在するのでしょうが、その記憶によって自分というものを維持しているのが自我意識だと思うのです。

自分だと思っているものは実は魂ではなくて、だから魂というのは本当に自分では見つけにくい。でも、我々人間にはそれが備わっている。その事実がキリスト教の背景にあって、イエス・キリストは何の役割を持っていたのかというと、誰も気づいていないこの魂の存在を皆に知らしめることだとされているわけです。さらには、単に知らしめるだけではなく、魂を解放して魂が自在に動いて人間の身体や自我意識を正しく操れるようにする。そのために、胸の前で十字を切ることが、心を切り開いて自我意識を捨てることで自分自身を魂に委ねるという強い意志を表すシンボルになっているようです。

ちょうどその頃から、僕は一風変わった考えを持ち始めました。どういうことかというと、手足は人間の役に立つ道具ともいわれています。他の身体の一部、たとえば心臓も道具といえば道具です。血液を全身に循環させる目的を持った、片時も使わないときはない道具ですね。では、脳はというと……、普通は道具ではなくて手足や心臓といった他の道具を使いこなす主体であって、道具ではないと思い込んでしまう傾向がある。

そこで、脳もまた単なる道具だと考えるわけです。道具にすぎないのだから、使うときは使うが使わないときには使わないでよいはず。つまり、お茶を飲むときに手を使っているが、使い終わったらこうして膝の上か机の上に無造作に置いています。他のことで手を使わないときには、その道具というか部品である手は使いません。

そうすると、脳はたとえば考えるということに使う道具であり部品だとしたら、これは考えるときだけ使えばよかったのです。火を熾《おこ》すとか、計算するとか、食べ物の保存を工夫するとか、必要なときだけ脳を使えばよかったのに脳を使ってみていろいろなことがうまくいくことがわかった。そのため、最初の頃は魂が主体で人間が動いていたと思えるのですが、脳を使ってみてうまくいくとか、物も上手に加工できるとかという経験を積み重ねていくうちに、いつのまにか脳が考えているこの思考結果の記憶の総体が自分自身なんだと誤解してしまったのではないだろうか。

まず、そう考えたのです。

大谷　先ほどのお話で、魂は人間でなければ、つまりある程度動物が進化しなかったら宿ってくれなかったわけですか。

保江　はい、書かれていた表現だとそうなっていました。また、魂が宿って初めて二足直立歩行ができたのですが、これは僕も強く実感しています。常時安定二足直立歩行するのは、人間だけでしょう。他の霊長類は、ちょっとの間であればできますが、やはりすぐに四足歩行に戻りますね。それから、他の霊長類には言語がないし、文明も作られていない。人間だけですね。

この人間だけというのが、僕には以前から何か強い違和感がありました。ところが、魂が入ったために言葉も話せるようになって、二足直立安定歩行もできる。それから、手先も器用になり、文明を築くこともできるようになった。そう考えると、単なる進化論よりも僕にとってははるかに納得できたわけです。

さらに、ちょうどそういうものを読んでいた頃の少し前、つまり今から二年半ほど前から、僕自身でも合気のような武道の極意技ができ始めていて、そういうことも加味して総合的に考えて自分なりに下した判断が「そうか、魂が相手に入っているから相手は二足直立できるのだ。もし魂が抜けたら二足直立できないのだから、ちょっと押せば簡単に倒れるはずだ」と考えたのです。

大谷　はい。

保江　で、この合気というのは、ひょっとすると相手の魂をちょっと相手の外に出す技なのかなと思えたら、何となくそんな気がし始めましてね。というのは、技をかけるときに頭のてっぺんから後頭部、そのあたりがサワサワするのです。

大谷　ああ、脳波のことに関して『合気開眼』に書かれていますよね。あれは確か、前頭と小脳から取っているのですね。

保江　はい、そうです。

大谷　あれを見ると、脳波に確かに変化が出ていますね。

保江　はい、そうなのです。脳波を取った頃は、まだそんなに合気の解明を大々的に、科学的にやろうなんて思っていなくて、魂の説明でも納得していた時代だったのですが、たまたま大学院生が修士論文のための研究で脳波を取っていたから、単に被験者になってやるという雰囲気だけで取ってみた。そうしたら面白いのが取れたということで、あの実験結果が載ることになったのです。

ですから、その頃はこの合気というものの理屈を、こう考えていました。まず、自分の魂が相手の魂に何らかの作用をして、相手の魂をとりあえずちょっとの間こちらに引き寄せてしまう。そうすると、相手はもう安定二足直立できないので本質的にオランウータンのようになり、そのうち放っておいてもパタンと倒れてしまう。ましてや、こちらが軽く相手の身体を押そうものなら簡単に倒れる。

そういう説明をして納得していたため、とにかくまずは僕の頭がサワサワするというときに僕の魂が相手の魂と合体をして、あるいは相手の魂がある場所まで行って合体してこちらに引き寄せてくるとか、何かそんなぶっ飛んだことを考えていたのです。

大谷　はい。ただ脳波に変化が現れるということは、僕らの職業的な理屈から考えると、そのあたりを何か物理的な変化が通過するわけです。先ほどのお話で僕も全部わかったかどうか自信はありませんが、魂というものは脳とは独立したものなのですね？

保江　そうなのです。まったく独立したものなのです。

大谷　しかし、測るとその影響が脳波には出るというわけですか。

保江　そうそう。脳波にも出ますし、これから申し上げるようにファンクショナルＭＲＩにも出ます。

大谷　それもやられたのですか。

保江　はい。それから、光トポグラフィーにも出ました。ですから、最近は段々に脳を前面に出した説に傾いてきているのですが、当時は魂がこう、グーッと出ていって相手の魂を包んで、ちょっとの間だけ相手の身体から出してしまうと相手が簡単に倒れるというのが合気の原理だと考えていました。

大谷　はい……。

保江　その説を僕がさらに信じるようになったのは、ちょうどその頃、うちは女子大なので女子学生だけなのですが、女子学生を何人か集めて合気の稽古をしていて、僕が前でちょっとやって見せたときに、そのとき初めて稽古に参加していた学生が「怖い」と叫んで、隣の友達に抱きついておびえたのです。「どうしたんだ?」と聞いたら、自分は実は高校三年の頃から、どうもテレビでよくいう人間のオーラみたいなものが見えるということがわかったというのです。それも最初は自分が精神病になったのではないかと思って、よほど一人で病院に行こうと思ったのだけれども親に怒られると思ってひたすら黙っていた。そのうちに自分でそれをどうやったら見えなくするかということもわかり始めたので、いつもは見えなくしているそうです。

しかし、その日は道場という初めてのところで興味津々だったためにただ自然に見ていたら、何と僕のオーラが相手のオーラのほうにずっと伸びていったあげく相手のオーラの中に入っていくのが見えた。そんな不気味なオーラの動きはこれまで見たこともなかったために恐くなってしまったというのです。

僕のオーラが紫色で、そのときの相手が白色だったのだそうですが、僕の紫色のオーラが相手の白色のオーラの中へ侵略するかのように入っていき、相手のオーラの白色までもが紫色に染まったら相手が倒れた。また、僕のオーラが相手のオーラを侵略できていないときには僕の技がかかっていないとも指摘されました。確かに、そう言われたときにはうまく相手に合気がかかっていなかったのも事実です。

そのとき、僕のオーラがどうやって相手のオーラのところまで行くのかと聞いたところ、僕の背中の上のあたりから伸びていくというのです。それでいつも後頭部のこのあたりがサワサワするのかと思って、一時期だいぶその学生の影響でオーラとかに流れていたのです。そうこうしていたらたまま院生が僕の脳波を取って、脳波にも影響が出るのだとわかった。しかも、脳波だけではなくて筋電図にもおかしな変化が記録された。筋電位が異様に偏ってしまう、あれですね。

普通はこう振動しなければいけないのに、振動ではなくて片方にずれたままなのです。ということは、筋繊維が何か部分的に帯電している状態になっているような、何らかのそういう効果が相手の身体に生じていると考えられる。

大谷　ええ。『合気開眼』に載った脳波をまた拝見させていただいたのですが、それによるとこの前頭あたりの脳波がバッと振り切れていますよね。それまでは単に振動成分のみになっているのに。振り切れるというのは、僕らの使っている語彙で言いますと、ニューロンの集合が電気的に脱分極、あるいは過分極したままになっている、つまりどちらかの電位に動いたままになってしまっていると。そのためにうまく信号が伝えられなくなっているのではないのか、それで力が抜けてしまうのかな、というふうに考えたのです。

保江　そうなのですか。

大谷　ただ、僕らは職業がら、それがどのように起こるかというのを考えるわけです。たとえば、割りばしで合気上げをすることもできるということは、割りばしを介在しても合気の技法は効くわけですよね。ということは、電気的な何かが伝わっていくわけでもないですね。ですから、暗示のようなものなのかなとも思ったのですが、写真をみるかぎり別に相手の目を見たりしているわけでもない。そんなことしなくてもかかるわけですね。

ですから、いろいろ考えたのですが、僕らが知っている概念では今のところ説明できない。

保江　ええ。それで、ずっとそういう相手との間に何らかの電気的、あるいは物理的な何らかのものが伝わっていくから何かこういう現象が起きるのだろうと、僕もずっとつい最近までそれを考えていたのです。それを考えながら、うちの大学院生がやった程度の脳波の検証では最近の脳科学研究の水準から見てもこれでは弱いし、もっときちんとしたことを言うためにいろいろやってみたいと思っていました。そうしたら、『合気開眼』を読んで下さったのがご縁で僕の稽古に参加するようになった県外の門人の中に臨床医学や心理学、さらにはスポーツ運動学の専門家がいたりして、そこからいろいろとあちこちに働きかけてくれたのです。

最初、ファンクショナルＭＲＩで、中国地方だったら一番新しいというゼネラル・エレクトリック社のものを入れたばかりの広島の病院があるのですが、それを貸してくれるということになって、まずそこに行ったのです。僕が友人といっしょに岡山から行き、現地の病院の人と、広島の心理学者と、それから広島の大学生で総合格闘技をやっている人が被験者として集まってくれました。といっても、ファンクショナルＭＲＩだから、こう横になるわけですね。

大谷　そうですよね。

保江　行ったはいいけれども、最新式のものでもこんなに寝転がっていなくてはならないのなら、何もできない。どうやってやろうかと急遽考えて、まず僕があの棺おけのような機械の中に寝転がることにしました。そうすると、腰から先は外に出ていることになるし、左右の腕はそれぞれ腰の横にあることになるでしょう。そこで、すぐ側に相手の人に立ってもらい、この右腕を押さえてもらっているときに合気の技をかけることにした。

そうしたら、いや、そんな時間の早い動作は無理ですと言われてしまう。ファンクショナルＭＲＩはガンガンと強磁場の反転動作をやらないといけないから、ある程度の時間ずっと持続してくれというのです。しかも、合気をかける状態と、かけない状態というのをたとえば、30秒間隔で何度も繰り返してくれとまで要求されてしまう。「えーっ、そんなことするの？」と反論したのですが、「いや、そうじゃないと撮れません」と言われてしまい、「じゃあ、もう合気上げも何もないわ」とあきらめた。実は、一切触らずに、数メートル程度離れている人に合気をかけて、その頃はまだ魂を取るのが合気だと思っていたから、魂を取ってしまえば二足安定直立ができなくなるから、別の人がやってきて相手を軽くポンと押しただけで倒れる。そういうことを、一時期やっていた時期もありました。ですから、実際に相手の腕を上げるとかというところまではしなくて、被験者の人に僕の側に立った位置から軽く腕を押さえてもらって、僕がその人に合気を30秒間かける、次の30秒間はかけない、また次の30秒間はかけるということやってみるので、それをヘッドホンで指示してくれと頼みました。

実際に倒す倒さない、上げる上げないということはやらなくて、単に僕がその頃思っていた、魂で相手の魂を包むということだけでやったのです。そうしたら興味深い結果が出まして、今一枚だけその断層写真を持ってきたのですが……。

大谷 ああ、そうですか。

保江 これは、要するに合気をかけている30秒間と、かけていない30秒間の脳活性の差違を計測して断層撮影したものです。これを見ると、右脳つまり脳の右半球が合気をかけている30秒間だけ、かなり深い所から側頭葉のこのあたりに至るまで、深くて広い範囲が活性化していることがわかります。それから、左半球のおでこのあたり。

大谷 はい。前頭前野ですね。

保江 ええ。前頭前野で、実験してくれた心理学者は42番野と指摘していました。

大谷 はい。

保江 そこだけが非常にローカルに、かつ、右脳の広範囲な活性よりも赤色の色合いが濃いのです。

大谷 ああ、そうですね。

保江 赤色が濃いということは、活性度が強いのだと思いますが、そういうデーターが取れたもので、その病院の担当者はそれまでは半信半疑だから何かもう面倒くさいなという感じで手伝ってくれていたのが、これは面白いということで急に真剣な面持ちになった。

大谷　たしかに面白い。

保江　それから、立体図を描いたり様々な出力を見せてくれました（口絵カラー写真参照）。

大谷　僕の本『心はどこまで脳にあるか――脳科学の最前線――』（海鳴社）にもちょっと書いた「癒し」、ノンローカル・ヒーリングですね、あれを受けているときもいろいろなところが上がっていますけれども、ひとつ上がっているのは前頭前野です。

保江　ああ、やはり。

大谷　やはりファンクショナルＭＲＩを使ったりしてやっています。共通性がある現象なのかな。ははあ。

保江　左脳の局所的な活性が見られる前頭前野の42番野というのは、心理学者の指摘では神憑り的な憑依現象のときに活性化することが知られているそうですね。

大谷　はい。僕らが思考に関係あるとしている領域よりもちょっと前ですね。領域的に言えばですね。

保江　なるほど。それで、まずは「おお、すごい、とにかく何か撮れたのだ！」と全員が感動したのですが、でも撮れたのはこちら側、つまり合気をかける側です。しかし、合気をかけられて倒れてしまうのは自分ではなく、相手のほうでしょう。

大谷　その影像は、保江さんのほうですか。

保江　はい、僕のほうです。僕が合気をかけているときとかけていないときの脳の活性の差です。

大谷　なるほど。

保江　そのときに集まってくれた大学の方の中にたまたま運良く、ちょうど右脳の活性のことに興味を持っている人がいたのです。その人は、ちょうど理研がらみのプロジェクトで将棋の名人というか、プロの棋士達が将棋を指しているときの脳の活性を計測する研究の途中経過報告を読んでいたそうです。

大谷　ええ。それは記事を読んだことがあります。

保江　プロ棋士の人達は右脳で将棋を指していると世間で言われているが、それが本当かどうか検証しようという感じのプロジェクトで、やはりファンクショナルＭＲＩで日本棋院の協力を得てプロの棋士の脳活性影像を撮ったのだそうです。ところが、どの人も将棋を指しているときには左脳が活性化されていたのだそうです。左半球でやっているということは、つまり計算ずくでやっているということになる。まあ、中にお一人だけ、名人級の方だけが右脳も若干は活性化されていたのだそうです。

大谷　そうですか。

保江　ところが、それも将棋を指している場面全域のときにずっと右半球が活性化するというだけで、たとえば30秒刻みで自分が指すときと指さないときとで差があるとか、そういうものではなかった。だから、そのときの合気の実験結果で30秒おきに意図的に右脳が活性化できるというのは、それだけでもすごい発見だということで、実験に参加して下さった皆さんは非常に喜んでくれたのです。

　でも、僕にとっては自分の脳の活性がわかっても仕方がないので、すぐに被験者に変わりましょうと促して、今度は被験者の人に台の上に寝転がってもらいました。そして、僕がすぐ側に立った位置から、また30秒間だけ寝転がっている人に合気をかけ、次の30秒間はかけないということをずっと繰り返していく。しかも、相手に先入観を与えたらいけないので、その30秒刻みの指示は僕だけがヘッドホン越しに聞き取れるようにしてもらいました。

大谷　向こうはわからないのですね。

保江　ええ、ファンクショナルＭＲＩに頭を突っ込んでいる被験者は何もわからない状況です。それで、実験をやりましてね。実験終了後に制御室の画面でその結果を楽しみに見たら、真っ黒のまま何も拾えていないのです。

大谷　ああ。

保江　これはおかしいなと思いました。だって、脳波だったら肝心の相手の脳波があやって変化する、少なくともバーストしてしまうのがわかっているのに、どうしてファンクショナルＭＲＩで撮れないのかなと……。すべての実験が終わった後に集まって下さった専門家の方々とあれこれ議論をしてわかったのは、ファンクショナルＭＲＩはとにかく時間的分解能が悪いのだということでした。ところが、合気の効果が相手に与える何らかの現象は、武術に使えるようなものですから、極めて短時間で決まってしまう。

大谷　そうでしょうね。

保江　だから、たぶんファンクショナルＭＲＩでは拾えないのだと思うという意見が出され、もっと別の手法でやるしかないと言われました。スペクト（ＳＰＥＣＴ）とか光トポグラフィーとか、そういう時間的分解能がよいものを推薦されて、ではそれをどこでやってくれるかという話になった。

するとスペクトは広島の大学にあったのでわりとすぐ見つかったのですが、僕が五年前に癌の摘出手術をしていたもので、癌患者にスペクト用の放射性同位元素を入れるというのは倫理委員会をパスしないから、あきらめてくれということになってしまいました。

では、もう光トポグラフィーしかないのだということで、今度は神奈川県の大学でスポーツ運動科学をやっている門人の方が開発元の日立製作所に行って交渉するなどした結果、光トポグラフィーによる脳活性計測の実験もやってみることができました。そうしたら、僕のほうを実験したときはどうも合気をかけているときとかけていないときの差違はあまりないように見える……。

大谷　まあ、光トポグラフィーは脳の表層部分しか撮れないですからね。

保江　ええ。ところが、今度は相手のほうの活性変化が見つかったのです。相手の脳活性がどう変化したのかというと、普通の安静時の脳の活性レベルがありますね、それが合気上げという技で僕が合気をかけた瞬間にコトンともっと落ちるのです。つまり、光トポグラフィーは脳の毛細血管中のヘモグロビンの酸化度を拾っているわけですから、要するに脳が麻痺したかのように停止する。少なくとも、光トポグラフィーで計測できる表層部分の脳は働いていないのです。

大谷　それは全体的に落ちるのですか。

保江　そうですね、かなり広範囲です。プローブがついたテープを頭蓋の周囲にこう巻いていたのですが、左右の優劣はなかったと思います。

大谷　そうなのですか。

保江　広範囲に活性が落ちてしまって、同時に撮影した合気上げの映像と見比べてみたら、ちょうど脳の活性が落ちた瞬間に互いに正座している位置から僕の両腕を押さえ込んでいた相手の身体がフッと上がっていっているのです。相手の身体が上がったので、もういいやと思って僕が合気をかけるのをやめた瞬間に相手の身体が落ち始めるのですが、そうしたら逆にグーンと活性化するようになる。だから、そのときに急に相手が再び意識を持つのでしょうね。

大谷　ええ。

保江　そういう実験結果が得られて、やはり相手の脳を一瞬、ほんの短い間ですが、何らかの方法で麻痺させるのかなと考えるようになりました。しかし、それにしても何らかのものがこちら側から相手に作用として伝わらないと、そんなことは起きないでしょう。

大谷　その場合は、相手に触っていらしたのですね。

保江　触っていました。

大谷　触らずに同じことをやられました？

保江　そのときはしませんでした。代わりにといっては何ですが、たまたま被験者の方が禅のお坊さんだったので、ひとつ余分の実験をすることにしましたが。

大谷　それは偶然だったのですか。

保江　はい、たまたま偶然だったのです。そこで、ちょっと瞑想状態になってみてくれと依頼しました。つまり、禅の瞑想状態が覚醒状態の中では恐らく一番脳が不活性になる状態だと思うので、そのときの脳活性のレベルがどのぐらいかなと思って実験してみたわけです。そうしたら、ごく通常の、普通の人がボーッとしているのとほとんど同じ程度でした。

ところが、先ほどの合気上げのときに合気をかけられた被験者の脳活性はそれよりもずっと下がってしまっていた。

大谷　それよりもっと下がるのですか。

保江　もっとなのです。いまデーターは専用のコンピューターの中に入っていて、いつでも頼めばもらえるのですけれども、今回それを準備できていなくて申し訳ありません。

大谷　いえいえ。

保江　そういう現象がこの前わかって、それでだいぶ僕の思考というか、考え方が脳のほうに傾いてきた。ちょうどその頃に大谷さんの本『心はどこまで脳にあるか』が送られてきて、読み進むうちにこれは面白いなと思ったわけです。

一番共感したのが人間の心、意識は記憶そのものだというお考えです。僕も、これに大賛成です。本質は記憶だけではないだろうかと。そんなわけで、ちょうどこれも何かのご縁で、しばらくはこのままもう少し脳のほうの何かの影響でこういう合気のような現象が起きているのだということを追究しろという神様の啓示だろうなと勝手に解釈して、いろいろと考え始めたのです。

そうしたら、関西でフルコンタクト空手の指導員をやっている人が、僕が書いた『合気開眼』にまつわる不思議な話があるとのことで僕に連絡をくれ、その後神戸で一度お会いして、その半年後に今度は岡山に訪ねてきてくれたのです。

不思議なことというのは夢の中でキリストが出てきて、おまえに合気を教えてあげようとおっしゃってキリストが夢の中で合気の原理、からくりややり方を教えてくれたのだそうです。目が覚めたら、残念ながらその原理ややり方の部分はまったく覚えていない。「くそー」と思って、「どうして思い出せないんだ」と悔しがったそうです。それで仕事に出かけて、ちょっと時間があったので梅田の書店にフラッと寄って、いつも寄る武道コーナーに行ったら僕の本が出ていて、「えっ、キリストの活人術？」と驚いた。夢と何か呼応するなと思って手にとってみたら、合気のからくりとはこうなのだと書いてあって、これだと確信してすぐにレジに持っていき、一気に読んでから僕に連絡したというのです。

それで、大阪に僕がたまたま学会で行ったときにお会いしてみると、向こうはもう道場を借りていて、どうしても納得できないから全部やってみてくれとおっしゃる。「まあ、それはかまいませんが」と言って合気上げをやってみせた。すると今度は、割りばしも持ってきていて、これでもやってくれと頼まれましたので、それもやりました。それから、さらに腰を極めてドッシリと構えますから正拳突きだけで倒してみてくれと言われ、もう仕方ないなと思ってポンとやってみせた。すると、相手はバタンと激しく倒れて、それでもう門人にしてくれということになりました。

大谷　そうですか。

保江　その彼が半年後に初めて岡山に稽古にきてくれました。去年の夏の暑いときです。それに、毎週僕が稽古をしている土曜日には仕事が重なっているので、特別に金曜日の午後に稽古をお願いしますとのことでしたから、その週だけは金曜日にも岡山市の野山道場を借りていました。

それで、ぜひ稽古をつけてくれと熱心に言われても、向こうは空手でしょう。技や動き方もかなり違ってくる。それに僕自身は空手なんかやったこともないし、実際にすぐ近くで見たこともなかったのですから。だからといって、こちらの技を最初からこうやってコテコテ教えるのも、暑い最中に疲れて面倒だし、何かひとつ気乗りがしない。

困ってしまって、ふと天井を見上げたとき、面白い考えが湧いてきました。実は、僕もフルコン空手の上級者が試合だと思って本気でかかってきたときに、さてこの合気という技がどこまで相手に通じるのかまったく見当もついていませんでした。型稽古や約束稽古では突いたり蹴ったりしてくる相手を合気で倒すことはしていますが、それはあくまで攻撃の形を決めた約束の上でのもので、本当にフルコン空手の試合形式やスパーリング形式で試したことは一度もなかった。

そんなわけで、千載一遇のチャンスだと思ったわけです。土曜日ではないから他の門人達もいないわけで、あっけなくやられても恥にはならないし。そう、試すなら今日しかないなと確信した僕は、「悪いけど、フルコン空手の試合だと思ってフルコンルールでやってもらえるか」と頼んだら、「もちろん、それを望んでおりました」と相手は闘志満々。そういうことで、「じゃあ、やりましょう」ということになりました。

その日は気温が三十五度を超える猛暑日で、おまけに野山道場は天井がそのまま屋根になっているので外よりも暑いからおそらく四十度近い気温でした。そんな過酷な状況の柔道場で、初めてフルコン空手の指導員相手にこれからフルコンタクトの試合形式でやり合うというにもかかわらず、そのときの僕は異様に落ち着いていたというか、むしろワクワクして楽しくてしかたがないという雰囲気になっていました。これには、僕自身も驚いたのですが。

とはいえ、フルコン空手の攻撃方法などまったく知りませんでしたし、どんな突きや蹴りが出てくるのか知識も経験もないわけで、我ながらあきれてしまってただボーっと突っ立って相手が出てくるのを待つしかなかった。

大谷　なるほど。

保江　そうしたら、そのフルコン空手の人の突きや蹴りがやけに遅いのです。「えっ、フルコン空手って、こんなにのろいの？」と思ってしまった。のろいから、前蹴りや回し蹴りの足先が飛んでくるのが見えるのです。見えるからスッと入っていって、片手で受けて、反対の手でポンとやったら、相手はバションと倒れて汗を吹き出している。向こうは驚いた顔をするのだけれども、驚くも何もあなたが弱いのだと僕は思っていて、それで合計五回対戦してみたわけです。

もう五回とも、相手の突きや蹴りはこちらの身体にはまったく触れず、ボコボコ攻撃してくるのだけれどもとにかく遅いのです。全部途中で止めてポン、ポン、ポンで、こちらが触れただけで相手の身体はつぶれるように倒れてしまう。向こうは大汗をかいて、「いや、他流とやって負けるわけがない。特に安定している自分の軸足に対する攻撃では絶対に倒れないはずなのです」と口にしながら、簡単に倒れてしまったことをしきりに不思議がっていました。

しかも、最後の五回目のときには、この人にもうちょっと頑張って修行しないと駄目だよということをわかってもらおうと考え、これ見よがしに相手が放った渾身の回し蹴りをわざと指二本で止めておいてから、軽く相手の足に触れて倒したのです。そのときのことについても、最後は指二本で自分の回し蹴りを止められてしまったが、普通なら指が折れるはずだというわけです。しかも、そのときは自分は途中で蹴りの軌道を変えたのだが、それも読まれて見事に止められてしまった。絶対にそんなことはあり得ないという感じに驚いて、ひたすら合気のすごさを褒めてくれるのですが、僕は実際に何もしていなかったわけなのでとうてい信じられないわけです。ですから、「いや、あなたとなら誰がやっても勝てるよ」と僕は言ったのです。「何故なら、あなたの突きや蹴り、どう見ても遅いよ。これでは別に武術をやってない人だって逃げられるよ」とまで。

するると、「いや、そんなことはない」と言うから、「じゃあ、合気をかけないでやってみましょう」ということになった。ただし合気をかけないでいたらひょっとして突きや蹴りが入ってしまうことがあったら危ないので、今回は寸止めにしてくれと頼んでおきました。それで再び対戦してみたら、今度はもう速いどころか怖くて身動きも取れない。あっという間に二、三本、突きも蹴りもバババババッと飛んできて、やられてしまった。もちろん寸止めしてくれたから、こちらも倒されているわけではなかった。それで、さらに相手が正拳を突いてきたときに、こちらも意地があるから先ほどみたいに倒さないといけないと思って、突きをかいくぐって入り込んで倒そうとしたら今度は全然びくともしない。次の瞬間今度は向こうの掌底が出てきて、こちらのわき腹を突いてきたのですが、向こうも必死だからそのときは寸止めしてくれなかった。そのため、こちらのわき腹をボコッとやられて、「痛えー」と思わずその場にうずくまってしまいました。

「あ、すみません」と心配そうにしている相手に向かって「いやあ、あんたどうしてこんなにすごいの?」と聞いたら、「いや、これが普通であたりまえの結果です」と答えてくれる。そこで、僕は不思議に思って、「じゃあ、さっきの五回のときには何故あんなに手を抜いて対戦したのですか?」と聞いてみたところ、「いや、手なんか抜いてません。今と同じようにやってました。いや、もっと元気があったから、突きも蹴りも今よりももっと速かったはずです」とのこと。
それで、そんな馬鹿なと思って、「じゃあ、もう一回、今度は合気をかけてやらせてくれ」と頼み、「じゃあ、やりましょう」ということになって七回目のラウンドに突入したわけです。その頃には、向こうも僕のやり方にだいぶ慣れてきていたようです。それで、向こうは最初フェイントを使ってきました。後ろを向いてから後ろ蹴りを出すような感じにしておいて、不意に反対の足が回し蹴で飛んできたのですが、今回はそれがやはり見えるのです。おまけに「ハハハ」と笑う余裕もあって、回し蹴りをひじで受けてパンと飛ばしてあげたら、相手の身体は再びベチョッという感じに床につぶれてしまった。

大谷　そのときに、その方には『合気開眼』にも書かれていたような、合気をかけられたために頭が真っ白になるという、そういう感覚はあったのですか？

保江　頭が真っ白という感覚はなかったそうです。その人はもう必死で、ただし、その人が後で言うのに、自分の体勢が不利になってしまったときに、それでもその姿勢からでも膝蹴りができると思って膝蹴りを放とうとしたのだそうです。ところが、その自分の膝の動きがいかんとも遅い。自分でじれったくなるぐらい遅くしか動かなかった。

大谷　ああ。その人は自分が遅くなっていると自覚しているわけですね。

保江　後で考えて、そういうふうにわかったのです。というのは、そのときは必至で闘っていたのでわからなかったのですが、後で二人で試合経過を振り返ることでわかった。いや、二人でといっても詳細に思い出していたのはそのフルコン空手の人だけで、僕はもう何でこんなことが起きたのだという余韻しか覚えていなくて、具体的にどう動いたのかなど何も思い出せなかったのです。しかし、フルコン空手をやっている人達は、試合やスパーリングのときの相手の動きと自分の動きを事細かに覚えていて、まるで棋士のように試合後に当事者の二人で詳細な分析をすることが多いとかで、その方も僕自身の動きについてまで極めて明確に憶えてくれていました。

ともかく、世の中にはやはりこんなすごい技があるのだと感心しながら、その方は非常に喜んでくれて、新幹線で帰る前に岡山駅の一階の店で「ぜひ飲みましょう」ということになった。僕にとっても生まれて初めて本気の試合形式で、しかもフルコンタクト空手の上級者相手にフルコンタクトルールで対戦した結果、この合気という技がこんなにすごいものだということが初めてわかったのですから、やはりとてもうれしい。二人とも心底うれしかったので、二人で大酒を飲んでいたのです。

そうしたら、そのうち彼もリラックスしてきて対戦したときのことを思い出しながら、それをつまみにして酒を飲んでいた。その中で、あのとき膝蹴りができなかったのは解せないというわけです。頭では、ここで膝蹴りを打てば確実に入ると思えたし、いつもなら本当に入った。それが、自分の膝がまるで動かなかったし、そのときに自分でもおかしいなと思っていたというのです。

そして、さらに飲んでいくうちに面白いことを言い出すのです。合気をかけられていたときは、時間が何かゆっくり流れているような気がしました、と。

なるほど、相手の脳の中の時間が間延びすると相手の身体の時間が間延びして、僕自信は現実の時間で動作しているとすれば、僕の目から見て相手の動きはゆっくりに見えることになるのか！　酔ったあげくに、最後には二人でこんなことを考えていたのですが、そのうちに最終の新幹線の時間が迫ってきたためにそこで終わりにしました。

大谷　それで今度は脳の時間ですか。

保江　はい。その翌週に、前に僕の脳波を取ってくれた院生が研究室に僕を訪ねてくれました。そのとき、フルコンタクト空手相手でも合気はちゃんと通用したけれども、相手の話では不思議なことに時間が間延びすると感じるようだということを話しました。あれこれと話しているうちに、どちらかが「それなら、コンピューターのプログラムで計測できるんじゃないか」と言い出し、「あ、そうか」と納得してすぐその場で短いプログラムを作ったのです。キーボードから自分が1秒だと思う感覚でトン、トン、トン、トンとずっと打ち続ける。それを実際の時間間隔は何秒だったというのを計測するプログラムです。

それを使って、僕が合気をかけているときとかけていないときで相手が思う1秒間に変化があるかどうかを調べようということになり、そのときはその院生が被験者になって即席で実験してみました。

そうすると、僕が合気をかけていないときに院生がキーを自分が1秒だと思う間隔で打ち続けるデーターをたくさん取って、その平均値を計算してみると0.98秒になった。1秒が0.98秒ですから、なかなか正確だなと驚きました。次に、院生がキーを打ち続けている途中で合気をかけましたが、もちろんいつからかけるとかは一切知らせていません。そうしたら、合気を僕がかけたときのデーターを集計してみると0.89秒、つまり、一割もズレている。それで、「おお、これはすごい」ということになりました。

また、「合気をかけたタイミングってわかった？」と聞くと、「自分ではわかった気がします」とのこと。どういう感覚だったのかというと、それまでは1秒というのはほとんど何も考えずに楽に打てていた。ところが、あるときから、「あれ？　1秒ってどのぐらいだっけ？」とわからなくなった。それで、仕方なく頭で1秒、1秒、1秒と考えながらキーを打つしかなかったけれども、そのうちにまた無条件にパッ、パッ、パッとでき始めるようになったとか。ちょうどそれが、僕が院生に合気をかけたタイミングと合気をかけるのをやめたタイミングなのです。つまり、合気をかけられていた間は相手は1秒間という時間間隔を無条件に再現することができなくなっていた。

大谷　なるほど。主観的な時間感覚は脳の状態で変わりますけれどもね。たとえば『心はどこまで脳にあるか』でもちょっと触れたことですが、時間経過はドーパミンが脳内で放出されると早く感じる。したがって、その逆にあたるような何かが起きていたということになる。メカニズムの面で言えば、何かそういうようなことが起きているという可能性はありますね。ただ繰り返しますが、一体どのようにしてそれが起きるのかというのがわからないですね。

保江　そうです。

大谷　先ほどの脳の活性が下がるという例は、何か抑制が効いて活動を下げてしまうのか、何かそういうことが起きているのか。

保江　それで、ちょうどその時間についての実験が終わってしばらくした頃から、ではいったい脳が時間とどうつながっているのだろうかと思い巡らせていたら、ついこの前のことですがそのフルコンタクト空手の方が連絡を下さった。聞けば、何とあれ以来、やはり自分で脳の中の時間が気になったようで、書店に日参して脳科学の専門家が書いた一般向けの本を読みあさっていたそうです。それで、「いや、すごい本を見つけて、あのときの時間の感覚がおかしかったことが理解できました」というのが、リベットの本でした。

大谷　ああ、リベットの『マインド・タイム』(岩波書店) ですね。

保江　はい、『マインド・タイム』です。「どういうふうにわかったんですか」と聞いたら、「いや、このリベット先生の本を読んでいて納得しました。それを基に自分で解釈したのはこうです」とおっしゃるのです。それを僕が聞いたとき、「ああ、なるほど」と思った。その内容を、今から申し上げます。今回の対談で、大谷さんのお考えをうかがいたいのは、実はこの部分なのです。

大谷　そうですか。リベットの原著とかを読んだことがないのでどの程度理解できるかわかりませんが……。

保江　いやいや、リベットの説をご存じなくても、大丈夫です。今からお話しするものは、リベットの説が基本になっていて、それをそのフルコン空手の方が自分でアレンジして合気というもののからくりに応用している考え方ですが、僕も非常に納得しました。まず、リベットのその説というのは、我々の脳で意識に上る、認識できている現象を脳の前頭葉が認識を完了するまでに0.5秒かかるというものです。

大谷　0.5秒かかる。そうですね。僕も多少あらすじ程度だったら、知っているのですが。

保江　だから、全部0.5秒遅れのはずなのだけれども、我々はそんなことを思っていない。

大谷　ええ。実際にはもっと早く感じているということですね。

保江　はい。常にもっと早く感じて、我々は今この瞬間に触った、今この瞬間に見た、聞いたと思っている。それはどういうからくりかというのがリベットの説で、実は脳が我々の意識をだましているのだというもの。あたかもそのときに我々が認識できていたかのように後で取り繕うのだと。だから、記憶と、それから意識をねじ曲げている。むろん、我々全員がそうなっているために、つじつまが合って表面上何ら問題は出てこない。

そういうリベットの研究を読んでそのフルコンタクト空手の方が気づいたのは、ひょっとすると合気をかけることができるという人、たとえば僕なら僕は、その通常の0.5秒かかる認識手段を捨てて、これは仮説ですけれども、通常の認識手法ではない何か別のものを利用した身体制御方法があるのではないかということです。その制御方法に自分の身体を託すと、0.5秒のタイムギャップがない、あるいはもっと短い0.1秒ぐらいのギャップで動作ができることになる。もしそうであれば、空手は0.5秒あったら回し蹴りも突きも既に終わっていますので、その0.5秒を常に先んじられていたら出す手を全部封じられてしまう。

それで、ご自分が僕と試合をしたときに、三本目ぐらいで慣れてきて、自問自答したそうです。何故にここまで自分の動作が遅れ、しかもあらゆる面で自分が遅れるだけでなく、すべて先んじられているのかと。まったく、あり得ないことだったのですから。ところが、フルコン空手の同じレベルの連中や上級の連中と試合をやったとしても、そんなことには決してならない。仮にもしフルコン空手の試合でそんなことができたとすれば、その人はもう完全に神様扱いされるはずだと。

そして、その先んじるというのがその方の頭にあって、リベットの本を読んでから、次のように結論づけたそうです。もし合気というものが相手に作用するのではなくて、自分がその0.5秒遅れのない制御方法で動けるという技術なのであれば、相手に接触していないために電気的な作用が及ばなくても、それはそれで成立することではないか。

大谷　ただ、それですと相手の脳の活性が落ちるとか、そういうことの説明にはならないですね。

保江　そうです。それはできない。ただし、彼にとっての僕との対戦結果の状況を最も素直に把握し、理解することができる。だから、僕が今思っているのは、合気の原理には恐らくふたつあるのかなと。

大谷　そんな感じですね。今おっしゃった速く動いて倒したというケースと、もうひとつ、相手の脳に何らかの理由で働きかけて相手を倒してしまうというケース。これまでのお話をうかがうと、ふたつありそうですね。

保江　はい。それで、試合やスパーリングで実際にパパッと素早く合気の技をやるときと違って、たとえば、合気上げなら合気上げをやるときはゆっくりやることも可能です。ゆっくり、じわっと上げて、そのときに筋電位を計ればよい。実はその後も、光トポグラフィーで脳活性を計測しながら、筋電位も並行して取ってみたのです。そうすると、やはり相手の足腰の主要な筋肉が活性化するために、相手の身体が正座した位置から上がっていくことになる。逆に、こちらの腕とか肩の筋肉はあまり使われていない。だから、相手が勝手に上がっているといえる。

ですから、合気上げをやるときにたくさんの人達とやっているとわかるのですが、特に空手とかテコンドーをやって足腰を鍛えている人がいますね。こういう人達はいとも簡単に爪先立ちするまで上がるのです。ところが、一般の人であまり筋肉がなくて、自分で正座した位置から足の筋肉で上がれないような人の場合は、いくら合気上げをしても足は上がりません。手だけが、肩を支点として単に上に上がるだけです。

そういう現象を見ていると、やはり相手の筋肉が動いているのだから、相手の脳から神経を経由して何らかの神経作用が伝わっていくと考えられることになります。

大谷　そのケースはそんな感じですね。

保江　そしてもう一方のケースは、リベットが明らかにした0.5秒前の本当の現実世界に自分自身が生きるようになる身体制御方法が合気の根底にあるかもしれないことをほのめかしている。まずはこの説について、大谷さんのご意見をうかがいたいと思いますが……。

大谷　……難しいですね。思いあたることで言えば、プライミングという現象が神経科学や心理学の領域では知られています。それはどういう現象かというと、何かの心理的あるいは物理的な刺激、意識に上らないか効果がはっきり出ない程度の低い刺激をしておくと、それを意識的に感じていないし目にみえる影響もないのに、その後に起こる現象を変えてしまうというものです。リベットの場合も、――僕はあらすじ程度しか知りませんけれども――、たとえば痛覚刺激のプライミングがあって、痛覚刺激をしたときには感じていないけれども、後から意識が取りにいく感じでその事実を認識するということですね。ということは、実は僕らは感じてはいるわけです。なぜかというと、刺激を言いあてることができるわけですからね。

ですから、感じていないわけではないけれども、一般的な自意識のようなものは遅れて発生して、後からそれを取りにいくわけですね。ところが、閾値下であるプライミングの刺激なら刺激を、何らかの理由で感じることができるのだったら……。いま言いましたように、リベットの説を信じるとしまして、ふつう意識は後からそれを取りにいくわけですが、感じていないと言いながら、実は感じているその閾値下の意識を、主体が感じることができるのだったら、説明としてはつきますが……。

保江　その閾値下の意識をたとえば、感じられないとしても。

大谷　意識というか、感覚と言ったほうがいいですか。

保江　閾値下の感覚のようなものに身を任すというか、身体を、そういうことは可能でしょうか。というのは、実はそこに合気のからくりを理解するカギが隠されているような気がするのです。

大谷　たぶんスポーツなんかで意識していない場合と似ているのでしょう。

保江　しかし、スポーツ選手が意識せずに身体を使いこなせるというのは、僕が思っている合気をかけることで相手を完全に凌駕するというものとは根本的に違っているような気がするのです。つまり、フルコン空手の方と試合をやったときのこちらの感覚は、まず初めての体験だということが前面に出ていたと思います。そもそもフルコンタクトの対戦なんかしたこともないし、だいたいあまり空手の動きも見たことがないから、どんなふうに攻撃してくるのかもわからなくて、戸惑っていた。でも、恐怖感は全然なくて、まったく根拠はないのですが不思議に何とかなるだろうという安心感があった。結局、こちらがしたことは、全部捨てたということだけです。どうせもう何をやっても駄目に決まっているのだから、もう仕方がない、負けて元々だし、どうせ誰も見ていないし、恥はかかない。そんな雰囲気で、何か超然として何も考えずにボーッとしていたのです。ただ、ボーッと。何か、それが合気の原理というか、少なくとも合気を実現するための必要条件だったと思うのです。そうすれば、これは鍛え抜いた上に練習で技を磨き上げたスポーツ選手がその上で意識せずに動いて対戦できるようになるというのとは、かなり違っているのではないでしょうか。

大谷　それがまあ、可能なのかな。

保江　普通なら、こう攻撃してきたときはこう反撃し、こうやってきた場合にはさらにこうするとかがあるでしょう。ストーリーというか、戦略、戦法、あるいは読みやカンといったもの。ところが、それが僕にはまったくといっていいほどなかった。そもそも、フルコン空手の攻撃に対する防御技法や反撃などのインプットがないしね。

大谷　しかし、たいていの場合、普通の訓練されたスポーツ選手の動きというのは意識しないままの動きですよね。ですから、そのフルコンタクト空手の方も達人なのでしょうから、恐らくそういう動きをしていたわけなのですよね。

保江　そうなのです。それにもかかわらず、フルコン空手など直に見たこともなかった、いわばど素人の僕のほうがさらにそれよりもっと意識しない動きで相手を封じてしまった。

大谷　さらにそれよりもっと超越していたのですよね。

保江　そうなのです。これも後で聞いて知ったのですが、指導員クラス同士のフルコンタクトルールの試合では技や闘志では互いに決着がつかないというのです。単に、先に疲れたほうが負けなのです。

大谷　そうですか。

保江　ところが、僕が合気を使った場合はそうではないのです。あっという間に決着がつくし、体力的に弱くても、何も技法を知らなくても、根性がなくても、気力がなくても、合気をかけたほうが必ず勝つことになってしまう。だから、フルコン空手の指導員クラス同士が対戦するときは、どちらもがリベットのいう0.5秒遅れの世界でやっているため、完全に互角となっているのだが、合気を使う人間は最初から0.5秒先んじている世界で生きているのだから、0.5秒遅れの世界でやっている空手家ではどうしようもないというわけです。

大谷 しかし、いま言ったようにスポーツでバッとやっているときというのは、まず意識しませんよね。ですから、リベットが主張しているような後から取りにいく意識というのはないですね。

保江 ないですね。

大谷 無意識。

保江 無意識ですよね。そうですね。

大谷 ですから、それをかいくぐるということはできない、あり得ないのではないかと思いますけれどもね。一般の生活のこういうときだったらあり得るけれども、スポーツのそういう対戦だったら両方とも同じ時間というか、意識なしの状態でやっているはずですからね。ですから、それよりも早くなるというのは考えられないのではないかと思いますが。

保江 たとえば、走るとか、泳ぐとか、投げるとかといった単純スポーツであればそうかもしれないけれども、相手がどう出てくるかということを読みながら格闘する場合はどうでしょうか。

大谷 ああ、そうか。読みが多少、つまり意識が多少入る場面があるわけですね。

保江 だから、ただ「速く走れ」とかではないですから、違うと思うのです。

大谷 なるほど。

保江 だから、これはいくら合気がうまくなっても、たとえば、速く走れるとか、重いバーベルを重量上げできるとか、そういった単純スポーツ技能には全然結びつかないですね。

大谷　そうですね。

保江　武道や格闘技にしか使えない。しかも、『合気開眼』にも書きましたが、亡くなられた僕の先生によれば、合気は人間にしか使えない、動物にはかからないそうです。だから、動物からはこう、タタタタタッと逃げていくだけでしょう。

大谷　ええ、確かにそうですね。リベットのその説を多少読んでみると、確かに人間にしか通じないですね。彼の言っている意識というのは、自意識というか、後からこう思い返すような意識ですからね。それはたぶん動物にはあまりないでしょうね。

保江　だから、そのフルコン空手の方からそういう独自の考えを教わったとき、僕はこれで合気というものの特殊性をある程度、見事に言い表せているなと直感しました。ただ僕自身は、ここ五年間ぐらい脳の研究からも遠ざかってきていたし、そのリベットの話も実は僕は初めて聞いただけだったので、「はあ？」という感じで幾分距離を置いてはいたのです。でも、とにかく、この空手家の考えでいくと、今まで相手に何らかの作用が及んで合気がかかるという説明に終始していた視点が大きく変わって、合気をかける側だけで話がすむことになります。とりあえず、光トポグラフィーとかのデーターは置いておいて。

大谷　それはちょっと置いておいてですね。

保江　何か考え方として、そのほうがより単純で、それにこちらの脳から相手の脳に向かって電磁場や気や、あるいはオーラだといったわけのわからないものまでもが飛んでいくと考えなくてはならない理論よりも科学的ではないかなと思い始めたのも事実です。

大谷　武道はともかく、それに近い格闘技の例ですが、実は僕はボクシングをやっているのです。トレーナーの免許も持っています。
保江　えー、すごいですね。
大谷　だから、武道についてはまったくもって知りませんけれども、ボクシングについての経験から格闘技についてはある程度見当がつきます。すると、やはり確かに今おっしゃったように、意識的に読む時間というのはある。大体ボクシングではいつも動いていますけれども、たまにやはり読みの間みたいなのがあるのです。もしも、そのときにかいくぐって相手がうまいこと突いてくるというのはあり得ますね。
保江　フルコンタクト空手の連中はよくキックボクシングの連中ともやっていますし、総合格闘技に出るときは元々の出身はいろいろなものが混在していますからね。だから、僕はボクシングのことを知らないけれども、その空手家の方はボクシングのこともある程度把握した上で、考えているとは思うのです。
大谷　はい。
保江　そういう格闘技というのは、とにかくこのリベットの言う0.5秒遅れを常に背負って闘っている。その0.5秒を背負っていない闘い方ができる、いわば格闘技に対する素人みたいな人がいれば、すべての突きや蹴りが先に先に封じられることも理解できなくはないと。
大谷　はい。
保江　それから、そのときにそのフルコン空手の方から面白い話を聞きました。ちょうど大谷さんご自身もボクシングをやっていて、トレーナーの免許も持っていらっしゃるとのことですので、これについても教えていただければと思いますが。実は、ボクシングの練習でミットに向かってパシパシッとやる、あれはトレーナーの人がミットを適切な場所に、適切なタイミングで出して初めてパシパシッといい音がする。そうすると、そのボクサーは非常に乗ってきて、いい練習ができる。ところが、トレーナーがミットを出すタイミングと場所が下手だと、ボクサーが駄目になってしまう。何かそういう話を彼が言っていましたが、見事なトレーナーというのは0.5秒先の世界に生きていて、ボクサーの動きを先読みして、きちんとミットを出せているのではないかということにつながる……。

大谷　ええ。それから、うまいトレーナーというのはつまり、相手の動きをうまくシミュレーションして動ける人なのですね。たとえば、ボクシングの場合ですと、初心者とやると非常に危ないのです。何故かというと、初心者というのはこちらが読めない動きをするのです。

保江　なるほど。

大谷　あり得ない動きをするわけです。ですから、むしろ初心者とやるときには注意しないと変なところからパンチが、全然考えられないところからパンチがたまに飛んできますね。ですから、駄目なトレーナーというのは動きがたぶんボクシングの理屈に合っていなくて、初心者みたいな動きをすると。訓練したボクサーにとってはちょうど初心者相手に闘うようなもので、よい練習にはならない。

保江　逆になる。

大谷　そういうことだと思うのです。

保江　では、トレーナーの人は読んでというのではなくて、何かこう、放心状態でということはないのですか。何か先ほどのような0.5秒前の進んだ時間に生きて、何か放心状態でミットで受けるというような状態になるということはないですか？

大谷　放心というか、たぶんスムーズなボクシングの動きの中だと思うのですね。ということは、もしかしたら合気で倒すという、その倒す方法というのは初心者みたいに動くからではないのでしょうか。関係ないですかね。

保江　いや、あると思いますよ。僕の先生が昔、面白いことを教えてくれました。その道場には、もうみんな、いろいろな武術をやってきた猛者が先生に合気を教えてもらおうと思ってやってきている。その中で、「君ら、いくら合気を取ろうと思ったって無理だ」と。それでも、みんな頑張っている。そうしたら、先生は「そこまで本気で合気を取りたいのなら、こんなところで互いに稽古をしてたら駄目だ。どこかそのあたりのあんまり力のない普通の女の子相手に稽古しないと駄目だ」と言われたのです。

その頃は、まだ先生の他には誰も合気ができていませんでしたから、いったいどういう意味でそんなことを言われたのか見当もつきませんでした。鍛え上げた連中と稽古するほうが常識的には当然効果が高いわけでしょう。

それが常識的な武術稽古をやっていては駄目だというのです。普通のそのあたりの女の子と稽古をしなければ合気はできるようにならない、いつまでもわからないよというわけです。これは、今大谷さんが指摘されたことに似ていますね。

大谷　似ているのかもしれませんね。つまり、訓練した者同士だとさっきも言われたように、お互いに0.5秒後の世界に生きているということだけれども、初心者の場合、そういうことがなくて先んじているということなのですかね。

保江　だから、初心者はたぶん技術的なことや常識もわからないから、パニック状態になって投げ出してしまうというか……。

大谷　そうですね。パッとこう、関係なく動きますからね。

保江　ええ。だから、その関係ないところから初心者の腕を出させる身体制御機構、それから、先ほどの合気のときの0.5秒かからない、0.1秒ぐらいの身体制御機構、僕が当初魂と呼んでいたものはそれなのではないかなと思い始めているのです。その空手家の方によれば、「これってひょっとすると人間の日常生活の中のあらゆる動作に入ってるんじゃないか」ということになりますが。

たとえば、自転車に乗ることを考えてみます。誰でも最初から乗れる人はいなくて、みんなかなりの回数転びながら苦労します。何故最初、自転車に乗ろうとすると転ぶのかなと、そしてそのうちに乗れるようになったら、何故何も考えずにスイスイと乗れるのかなと、誰が考えてもそこにはギャップがありますね。そう考えていくと、やはり0.5秒遅れのままだったら、あの自転車のバランスは取れませんね。0.5秒もの制御時間がかかっていたら、自転車を乗りこなすのは無理です。

だから、0.5秒遅れの世界に生きている間では、絶対に自転車には乗れない。ところが、それが0.5秒かからない身体制御機構を見つけて今その瞬間の本当の世界に生きることができれば自転車には乗れる。それから、綱渡りにしろ、だから、みんな何か日常というか、そういうところで我々があたりまえだと思ってしている動作が、実はこのリベットの0.5秒うんぬんにかかっていない閾値下で、ちゃんとその身体制御機能が有効に使われているというものを我々人間は持っているような気がすると。フルコン空手の方はそう言って、そのひとつの例が自転車だという。僕もそれには、納得します。

大谷　はい。

保江　そのとき、さらに納得したのは、僕の知り合いで東大を出た男のことを思い出したからです。いかにも東大生というか、ものすごい記憶力と器用さと緻密さとを兼ね備えている男で、それで絶えず、まるで自分が頭の中で考えていることをすべて口に出すかのように、何でも話すので、仲間内では歩くラジオだと呼んでいるくらいです。「あ、ここにおいしそうなものがある」とか、思ったことをすぐ口に出すのです。だから、脳みそと口が直結しているような感じで、「おまえ、心、丸見えだな」とみんなに言われている。

ところが、彼が未だに自転車に乗れない。五十歳を超えても乗れないのです。子どもの頃から乗ろう、乗ろうと努力はしているのですが、それでもどうしても乗れない。

大谷　たとえば、脳科学の知識で言いますと、そういう自転車に乗るとか、スポーツの場合も含めた意識しない運動は、大脳皮質とは別の領域、線条体とか小脳とか、そういう領域を使っている。それは僕らが意識しない運動ですね。意識せずにこうこうやっています。それで、その後から意識、たぶん連合野、とくに前頭前野などが働いて、後から取りに行くといいますか……。それを行なうと僕らのいわゆる自意識というのが出てくる。

保江　なるほど。では、むしろスポーツに近い。

大谷　そうですね。スポーツですね。

保江　では、やはりこの自転車のうんぬんというのとちょっと違いますかね。

大谷　はい。

保江　それから、ひとつ面白いことがあるのですが、指先が器用なままだと合気は使えないようなのです。

大谷　そうなのですか。

保江　はい。これはつい二週間前ぐらい前にも道場で再実験して確認したのですが、指先が不器用になったら合気が使えるようになるのです。どうやって調べたのかといいますと、門人の半数の人達について、ガムテープで手首から先を一切動かないようにぐるぐる巻きにした。そして、ガムテープを巻いた人と巻いていない人が一組になって、その状態で稽古してもらったのですが、ガムテープを巻いた人が技をかけるときにはものすごく合気が効くのです。逆に、ガムテープを巻いていない、手首や指先が非常に柔らかく自由に動くようになっている人がやると、合気がやりにくいのです。手首から先がこう、自在に動いていると合気はできない。つまり、前頭葉が活性化しているとダメなんですね。

大谷　運動野ですね。

保江　そうですね。前頭葉の運動野からの身体制御で動くようにしていたら駄目で、逆にそれをがんじがらめにして、わざと手首から先を運動野からの制御が及ばないようにしておく。そうしたら、合気がうまくできる。僕以外でも、門人の大多数ができるようになったのです。

では、何故こんな馬鹿げた実験をしたのかというと、僕の先生が手首から前腕にかけてものすごく鍛えていて、それこそ腕立て伏せや鉄棒振りあるいはハンマー打ちを毎日欠かさずそれぞれ何百回とやって、手首から腕にかけて筋肉をつけていた。だから、肘から手首までがチンパンジーのように太いのです。普通の人のように、肘から手首に向かって段々に細くなるテーパー状にはなっていない、同じ太さのままなのです。特に、手首にいっぱい筋肉がついている。ところが、そのように激しい鍛錬を積み重ねて異様なまでに筋肉がついている状態なのに、その筋肉の力を使ってはいないのです。

たとえば、その先生は缶ビールのプルトップが引っ張れないのです。あるいは、門人が水道を閉めた後だと、きつすぎて先生がお一人ではそれを開けられないのです。では、何のために手首の筋肉をつけていたのか。僕自身も、長年不思議でなりませんでした。

ところが、あるとき「先生、何のために腕を鍛えるんですか?」と門人が聞いたときに、「いや、とにかく鍛えて、日頃から鍛えて筋肉をつけて、いざ技をやるときはそれを使わないんだ」とお答えになった。それを側で聞いていた僕は、これは矛盾することを言うなあと思ったのですが、何故かそのことが頭に引っかかったまま忘れられない。日頃から腕立て伏せなどをして筋肉をつけているのであれば、それを使ったほうがよほどいいはずなのにいったい何故使わないのか、と。

それで、ふと筋肉をつけるのは自分で手首を固めてしまう、微妙な動きができないようにしているのではないかと思ったわけです。ところが、それを試すために自分でそこまで筋肉をつけるのは大変だから、手っ取り早く自分の手首にガムテープをグルグル巻いてみたのです。そうしたら、たとえば、手首が自由なままで門人を相手にボーンと倒そうとしますね。相手は、びくともしないです。ところが、手首をガムテープでぐるぐる巻きにして固定して同じ動作をしてみたら、相手がボコンといとも簡単に倒れるのです。

大谷　うーん。

保江　ただ、これは先ほどのリベットの話とつながるかどうかわかりません。長い間僕だけができる特殊なことかなと思い込んでいて、ふと思って二週間前に門人の皆さんにも試してもらったら誰でもそうなるということを見つけたばかりのことですし。

大谷　細かい動きというのは人間に特有な、人間は手先が非常に器用ですからね、人間に特有な発達している脳の分野があるのです。それを縛る、駄目にするということはもっと原始的な意味になるのですね。

保江　はい、逆にね。

大谷　そうすると、もっと原始的なサルが持っている部分を使うとか、あるいは本当に線条体を使う、そういう動きとかと一致しますけれどもね。

保江　ええ。でも、そうすると、僕が最初の頃、魂うんぬんと思っていて、魂が入っているから人間になれて二足直立歩行ができるようになったという話とはズレてきますね。

大谷　そうすると、魂ではなくなりますよね。矛盾しますよね。

保江　でも、世の中でこういうことを伝えようとするときに魂うんぬんと言うと、やはりちょっとまゆつばだと思われる。その意味では、魂うんぬんというのはできれば言いたくなかったから、むしろこういう脳の働きの、いまだ研究の途上にある科学的な事実と関連しているのだよというニュアンスのほうがストレスにはなりませんね。

大谷　はい。ところが、今までのお話の感じとしては、脳でも僕ら人間で一番発達している部分をむしろ使わないようにしてということですね。

保江 そうなのです。

大谷 意識しないようにということですね。

保江 そうです、意識しないように。

大谷 普通のスポーツ選手も意識しないでやっている部分があるのでしょうが、その脳の使い方よりもっと「先」ですかね。

保江 ええ、みたいですね。

大谷 ということは、もっとより原始的ということなのかな……。

保江 そうそう。それで、門人の中にオーケストラで演奏しているアマチュアの音楽家がいるのです。彼がよく言うのに、指揮者がいますね。指揮者にもいろいろあって、団員が演奏するときにもう本当に必死でタクトの動きを追って、必死でこちらが考えながら、楽譜も見て必死でやらなければいけない指揮者もいれば、こちらの練度がそれと同じぐらいの練習しかしていないのに、何故かその指揮者がくると楽に、身体が勝手に動くかのように演奏ができて、きれいな音が出るようになる指揮者もいるそうです。

で、その差が何だろうと彼も思っていたそうなのですが、彼がこう言うのです。僕が合気をする状態は、こんなちょっと精神病っぽい、こんな腑抜けの表情をした状態です。眼も、雰囲気もね。それで、彼が言うのに、そのように団員の身体が勝手に動いてきれいな音を出せるようになる指揮者も同じ表情なのだそうです。逆に、小澤征爾のようなシャキンとした勢いのある、眼が爛々と輝いて団員を射抜くように見つめながらタクトを振っている指揮者はむしろやりにくいし、団員全員の練度が最高に達していないといい演奏にはならない。

大谷　そうですか。

保江　ボケーとして素人の人が見たら、「あの指揮者、アホやないか」と、よくこんなに踊って、阿波踊りしているのか指揮しているのかわからないというような指揮者のほうが身体が勝手に動くのだそうです。その典型が、ゲルギエフという指揮者。もうホオけた表情で、虚ろな眼をしてタクトを小さく揺らしているだけにしか、素人目には映らない。でも、それだと、楽団員の身体がつられるのだそうです。そのつられるというのがこの合気と同じ現象ではないかと思えた、相手の身体がつられるような気がするのだと教えてくれました。

大谷　その滑らかに動くというのはいま言いましたように、意識的ではない、より原始的なレベルなわけですね。意識しない運動、たとえば瞬間的な動きとかですね、自転車もそれに近いです。意識しないわけですから、もしもそれが合気に共通するものがあるとするのだったら、やはりいわゆる心とかというものよりはむしろもっと原始的なところ。

保江　より原始的な、そうですね。

大谷　原始的なところが関係するのでしょうね。ということは先ほどのフルコンタクト空手の指導員の方を負かしたというのは、相手が原始的なところから時々ちょっと、もう少し発達したところを使って間を見ようとするところにうまく入り込んでいるのですね。

保江　そうでしょうね。そういうのを判断してやりながら、実際にこのパンチを送り出すという動作のときは、もう原始的な動きだと思うのです。

大谷 そうですね。

保江 ただ、どのタイミングで、どこから膝蹴りにしようかとか、それは多分非常に意識レベルで考えていると思うので、だから、自分で膝蹴りを今入れたら入ると思ってやろうとするけれども、何故か膝が思うように動かないとか、そこのギャップの存在を異常に感じていた。

大谷 はい。しかし確認すると、そのときはかけられる側のほうでも何か変化が起きている。

保江 そうです。かけられる側にも変化が起きているのです。だから、両方かもしれませんね。

大谷 先ほど言ったように、ふたつあるのでしょうね。

保江 はい。だから、相手の随意的に動く筋肉は膝蹴りを喰らわそうと努力しても、何故か別回路でその膝蹴りが打てないような筋肉の働きをさせられている。でも、こちらはそんな意図も何もないのです。ただボーッと突っ立っているだけなのだけれど。だから、むしろ説明としては魂うんぬんと言ったほうが楽なのです。

大谷 なるほどね。

保江 だから、現状でわかっている現象面と、僕とか僕の門人達がこうではないだろうかというふうに考えているのが、今ご説明したすべてで、合気の原理というか、作用機序についての取り組みの現状はこうなのです。

大谷 なるほど。

保江 これから先はどういう方向に進んでいくかというと、光トポグラフィーで相手の脳が一瞬、非

保江 常に短時間、空白になるということがわかってきたので、その辺りのことを合気解明の糸口にしたいとも考えています。

大谷 それは要するに、科学的メカニズムはわからないながらも、ということですね。

保江 はい。メカニズムはわからないです。

大谷 同じようにたとえば、癒しという、専門家がやはり手をかざすだけで相手の脳に変化を起こさせるという例は報告されていますね。現象としてはどうも存在するような雰囲気ですね。それが合気をかけられる側に起きる現象と同じかどうかは全くわかりませんけれども。とにかくメカニズムはわかりませんが、癒しも、もしかしたら現象としてはあるかもしれませんね。

保江 確かに、この合気を昔、僕の先生がさらにその前の先生から習ったときに同じ武術として他に習った人もたくさんいたが、その中にはそういう癒しというか、整体治療を創始した人とかも数人いたようです。

大谷 ふうん。

保江 その方面で今も有名な野口晴哉とか谷口雅春、何か要するに、今なかなかすごい治療の組織になっているところを創始した人というのはたいてい僕の先生の先生から武術というよりも活人術を習っているのです。その後、それを癒しの方向に活かしていった。

大谷 そうですか。そこに共通するもの、共通点があるのでしょうね。

保江 ええ、たぶんあるのだと思います。

大谷 先ほど、記憶のことをおっしゃいましたが、僕が多少影響を受けている哲学者のベルクソンに言わせると、唯心論とまでいきませんが、記憶というものは物質としてどこかにあるとかそういうものではなくて、時間的にずっと貫いてある現象であると言っています。

ですから、相手の脳にたとえば何かの変化を起こすという場合に、僕らは必ず何か物質、たとえば、触るとかですね、何か物質が行って相手に変化を起こすという、そういうメカニズムを考えますが、実はそういうふうに考える必要はなくて、ベルクソン的な考えでいけば、そういうことは必要なくて、もう少しこう……、わかりますか。

保江　わかります。

大谷　むしろ時間なのです。空間のこれこれという点ではなくて、もっと時間的なもののつながりです。そういうふうに考えれば、たとえば接触もしていないのに相手に変化が起きるということはあり得ないわけではないのだ、みたいな気もします。

保江　この前の土曜日に稽古の後、道場の忘年会をやって、その中で門人の一人で面白い方がいて、彼はもう六十歳近いお歳なのですが、フルコンタクト空手も昔からやって、さらにいろいろな武術をやって、ご自身で道場を持って教えていらっしゃるのだけれども、何と仙人の術、仙術とか気合術、そんなものまでもわざわざ高いお金を積んで大阪や神戸で修行をしてきた。だから、今やその気合術で、たとえば雲を消すとか、気合で人を倒すとか、それもできるのだそうです。もちろん、癒しもできる。

その方がこの前の土曜日の忘年会での自己紹介を兼ねた発言のときに、そのベルクソンみたいな感じで次のような面白いことを話してくれました。「皆さんは、この合気という技が身体の何か使い方から生じている、それから、それを生み出すものは皆さんの心ですが、その心は頭の中に、脳とか、あるいは神経組織、そういうところにあると思って必死で修行されていると思いますが、一度でいいからその考えを捨てて身体の外というかこの世界の外にあるのだと考えてみてください。そうしたら、もう修行の方法から、合気を使えるようになるには何をやればいいということまでも、スポンとわかってきます。自分が仙術とか気合術を神戸にいる中国人の先生から習ったときに、その発想の転換がないうちはもう何もできなかった。でも、それがあるとき、この世界の外にあるものが感じられるようになってガラリと変わってしまった」というのです。

大谷 それは非常によくわかります。僕らは職業的、専門的には、頭の中のことを見ています。しかしもう少しこう、広く考えると、頭の中のどこそこに魂なりが入っているというのではないのです。もっとこう、何て言うか、汎在しているわけです。

保江 ああ、その方もそうおっしゃっていました。だから、この世界の外の彼方でみんなつながっているのだと。

大谷 そういう感じですね。

保江 だから、そのつながりさえわかれば、何キロメートル先にいても、この気合術で倒せるのですよとかね。

大谷 それができるか、できないかは個人の能力とかもあるのでしょうが、でも、ベルクソンの哲学というのは完全にそんな感じです。物があってその中に心が入っているということではないのです。時間のつながりの中のもっと全体的なところにある。ですから、非常に今おっしゃったことと似ていますね。

保江　なるほどね。そちらが本物、本体というか。

大谷　そうなのです。

保江　我々は勝手に時間という断片を切って、そこにいると思っているだけですね。

大谷　そうです。勝手に時間を、つまり続いてきているものをグラフ上の点にして、今ここにこの物があってと考える。それはベルクソンに言わせれば、実は間違いなのです。

保江　なるほど。それは面白いですね。

大谷　はい。ですから、空間ではなくてむしろ時間のほうが先なのです、ベルクソンの考えはね。僕らは職業的にはそんなことを言っていると仕事ができませんので、僕らが分析しているときはあくまで科学的なスタンスでやっています。しかしもう少し自由な、というか暇なときに僕が考えているのはそんなことですね。今おっしゃったような、脳の中にこう入っているのではなくて、全体的につながっているわけです。

保江　なるほど。

大谷　ですから、ベルクソンの言う時間が一番最初におっしゃった魂というものに、僕にとっては、概念的に近いような気がします。でもそうすると、持っているのは人間だけではありません。生命全体ですからね。

保江　いや、でも、ものすごく今スッと腑に落ちましたね。いい捉え方ですね。そうしたら、こういう現象があっても別にことさら何も騒ぐ必要はないという立場でもいいですね。

大谷　そうです。実は、騒ぐ必要はないかもしれないですね。

保江　そうですね。断片に切って輪切りで見ているとおかしいけれども、もうつながった、外の世界で見れば、何てことはないですね。

大谷　ええ。なぜ心があるのが不思議なのかというと、僕らは見方として、点で見ているからなわけです。ところが、認めさえすれば心があることは不思議でも何でもありません、僕らはそれを感じているのですからね。この感じるというほうを優先して考えると——まあベルクソンの影響なのですがね——、心があることは何の不思議でもなくなる。むしろ、こちらが優先で、物質はその後といいますか。だから、唯心論と言ってしまえば、唯心論なのです。

保江　ああ。いやいや、でも、ものすごくよくわかりますね。

大谷　はい。ただ物質をいじくると心の状態が変わるのは当然そうなので、それが、僕らが職業的にやっていることなのです。物質的にいじくることによって変えようと。けれども、物質が生み出しているわけではない。

保江　ええ。生み出しているのではないのですね。

大谷　ですから、先ほどの合気もそうかもしれませんが、別の、要するに頭や身体の中で起こることだって、実は外につながっている。

保江　外の全体に。

大谷　僕にとっては、それは非常によくわかることなのです。

保江　なるほど。いや、だから、そのベルクソンの観点から言って、ちょっと先ほどの話に戻りますが、たとえば、リベットの0.5秒遅れというのが今のこの断片を切る、つまり現在広まっている唯物論的な見方で、全員が必死でそういうふうな見方をしている。それで、そういう解釈をしている人達ばかりのところに0.5秒先んじている存在というのは、どちらかというとベルクソン的な存在になっていて、時間軸の方向にもっとにじみ出ている。

大谷　そうかもしれないですね。リベットが言っているように、ある刺激があったけれども、感じるのは0.5秒後なのだけれども、実はそれをまた意識が取りにいってあたかも刺激があったときに感じていたと思う。実はこれに似ている状況というのに、音楽がありますよね。音楽というのは聴いている時点では音楽にはなっていない。

保江　ああ、その瞬間の振動しか入っていないはずですね。

大谷　はい。ところが、全体として聴いていますね。

保江　そうですね。

大谷　ある音があって、その次にくる音があって初めてこちらの最初の音が認識できるわけですね、音楽として。ですから、それはグラフで表すと、リベットの言うようにまず刺激があって、次に意識の働きなりなんなりがある、となるわけです。ところが、ベルクソン的な時間を中心にして考えると、それはお互いに、彼の語彙では相互嵌入《かんにゅう》といいますが、要するにひとつになるのです。

保江　はい。

大谷　ですから、音楽の観点に近い。

保江　それは、確かにそうですね。だって、物理的にはそのときの鼓膜の振動の周波数しか入ってはきていない。したがって、前後の情報がないと音楽としては聞こえませんね。

大谷　前後がないと音楽としては聴けませんからね。だから、リベットの件もそういうふうに説明すれば、実は不思議ではない。

保江　なるほど。

大谷　今保江さんがおっしゃったように、ここに今現在の振動があって、こちらにはひとつ前の音がある、そう空間的に分けて考えるから、こちらの振動が向こうの音に結びつかなくなるわけです。そういう考え方をなくせばよいわけです。

保江　ああ、そうか。そうすると、ベルクソンのほうがもっと包括的にきちんとそういうのを既に昔から言っていたわけですね。

大谷　そうです。時間がつぶれてしまっているのです。ひとつの時間になる。それを僕らはふだん無理やり点に分けて計量化してやっている、彼はそういうふうなことを言っています。

保江　なるほど、面白いですね。そのとおりだと思いますね。いや、昔、アホなことを考えていて、もし人間に記憶という能力がなかったらどうなるだろうとちょっと考えてみて、記憶に一切頼らない生活を一度してみようと思ったときに、実際にやってみると言葉すら出せないということがわかって驚きました。断面の音、たとえば「あ」と出て、もうこれで終わりですね。

大谷　そうですね。

保江　次に何を出したいかもわからないし、前に何を出したかもわからないし、何を意図していたかもわからない。

大谷　ええ、そうですね。そのとおりですね。

保江　そうすると、本当に記憶というのは時間と同じもので。

大谷　そうだと思います。

保江　大谷さんが『心はどこまで脳にあるか』に書かれていたように、まさに記憶そのものがベルクソンの時間として存在して、こちらがメインというか、本物で、実相なのですね。

大谷　本物なのです。はい。

保江　我々が断面しか見ていないから、不思議なことが多いと。

大谷　不思議に感じる。そうですね。

保江　なるほどね。ああ、だから、合気も本当はこう見るべきなのですね。

大谷　僕もそう思います。それが合気の解明に本当に結びつくかどうかは、わかりませんが。

保江　きっとその合気というものがこのベルクソン的な意味でわかったときに、それがメインで、たいろいろな断面、例えば脳科学の断面で切った脳は右脳のあたりが活性化しているし、相手の脳は大脳皮質の活性が落ちるしと、筋肉の緊張はこうなっているしということなのですね。

大谷　はい。そんな感じです。先ほどおっしゃった、オーラがこう、バッとついたという、その感じも何か。

保江　そうですね。それもまた入りますね。

大谷　ちょっと感覚的には同じですね。

保江　はい。ああ、そうか。

大谷　つながっているという。

保江　それで全部、最も包括的に説明でき得る方法ですね。

大谷　ええ。今のところは一番安心して採用できる方法かなと。

保江　いわゆる安心感がありますね。

大谷　僕にとっては今のところ出合った中では、ベルクソンの言っていることが一番安心して受け入れられますね。

保江　はい。いや、やはりサナート・クマラーがどうのこうのとか、そんなのを出すと議論が止まってしまいますから。やはり武術をやっていて、そういう神懸かり的なことを言う方が中にはいらっしゃるので。

大谷　そうですか。何かが降臨してきても、それは僕らには証明できないことですので。ところが、心があるなり、何なりというのは証明するも何も僕らは感じているわけです。だから、疑いようがないわけです。音楽にしても説明すれば、みんながわかるようになります。

保江　そうですね。

大谷　音符に分けるから悪いのであって、あれはつながっていると考えたら、音楽としてひとつなわけです。

保江　なるほど。いや、これはいい枠組みですね、ベルクソンの哲学は。

大谷　はい。なかなかベルクソンはちゃんとやっていますよね、おこがましいですが。

保江　確か、フランスの哲学者ですね。

大谷　はい、フランスの哲学者です。

保江　アインシュタインが一時、何か議論したとか聞いたことがありますね。相対性理論を提唱したアインシュタインに対して、時間の概念がまったくわかっていないと注意したとか。

大谷　そうです。アインシュタインとも何か議論したという記録が残っています。確かアインシュタインがパリを訪問したときに、コレージュ・ド・フランスで討論会だか、講演会か何かを開いて。でも、なんだか話がかみ合わなかったということです。

保江　やはり。

大谷　アインシュタインは物理学者ですから、ベルクソンが何か言っても全然かみ合わなかったというのを、どこかで読んだことがあります。

保江　大谷さんも長い間フランスのパリで研究されてる。

大谷　保江さんもジュネーブにいらした。

保江　はい、文化的にはスイスというよりもフランスといったほうがよいジュネーブです。だから、フランスのことはある程度わかっていたつもりなのですが、フランス人は他のヨーロッパの人に比べて、ベルクソンなどの哲学者を身近に感じていますね。

大谷　ええ。あとフランスだったら、たとえば、ジャン・ポール・サルトルとか。

保江　デカルトも。

大谷　デカルトもフランスです。

保江　そうですね。サルトルとね。

大谷 メルロ‐ポンティなんていうのも。

保江 メルロ‐ポンティ。

大谷 ええ、彼もフランスです。

保江 そうですね。フランスの哲学者や物理学者というのは、若干、世間一般でいう不思議な捉え方、主流にはあまりならないのだけれども、何かちょっと不思議な面を許した上で捉えているという大らかさがありますね。それからフランス人は柔道もそうですが、結構、日本武道が好きですね。

大谷 ああ、そういえばそうですね。

保江 空手も、それから合気道も、それに柔道はもう今や日本より普及していますしね。

大谷 何か関係があるのですかね。

保江 フランス人の男の人は他のヨーロッパの人より、わりと背が低いでしょう。

大谷 はい。

保江 小柄な人が多いし、何かそういうこともあるのかな。それから、先ほどのベルクソン流のああいう哲学を、カフェでみんなが議論するでしょう。

大谷 ええ。

保江 それに、禅とか、生け花とか、盆栽とかいうものも好きですね。そういうのがやはり何か関連して、ある意味フランス独特の世界観があるのかもしれない。

大谷 ええ。今おっしゃった武道が好きというのと別かもしれませんが、いわゆる唯心論的な哲学がありますね。空間が何だ、時間が何だとかというのはそれですよね。フランスは確かに心情的には日本に近いというような感じもします。

保江　なるほど。キーポイントは唯心論的観点ですね。

大谷　はい。

保江　いや、実は僕の大学院のときからの親友が『唯心論物理学の誕生――モナド・量子力学・相対性理論の統一モデルと観測問題の解決――』（海鳴社）という本を出しています。これですが……。

大谷　ああ、これがそうなのですか。

保江　はい。中込照明君という理論物理学者が書いて、ライプニッツのモナド論を今の物理学の基本に置いた唯心論物理学の枠組を提唱し、物理学が長年抱えてきたすべての矛盾を解決してしまった。その唯心論物理学というのが、僕は物理学では最も基本になる基礎理論だと思っています。

　できれば、そういう唯心論的な基盤をこの合気の説明に持っていきたかったのですけれども、なかなか先ほどのように脳波とか、ファンクショナルＭＲＩとか、そちらのほうに脱線してみたり、そういう脳のデーターばかりいろいろ出てきて、それをしかも、唯心論の方向にまとめるのにちょっと苦労していたのです。でも、先ほど教えていただいたベルクソンの唯心論的哲学でいう時間の流れというものが本質という見方を教えていただき、何かこう目から鱗が落ちたというか。

大谷　ああ、そうですか。

保江　おかげさまで、今後の方向性が見えてきました。いやあ、本当にありがとうございました。

大谷　いやいや、大変面白かったです。僕のほうも非常にためになりました。

保江　いえいえ、僕のほうこそ感謝しています。本当に、これからに向かってのまとまりがつきました。唯心論というものをキーワードにするという。

大谷　それはよかった。

保江　ありがとうございます。今度は千代田区ではなく是非カルチェラタンのカフェでワインでも飲みながら語りたいですね。

大谷　是非とも、お待ちしています。

二〇〇九年一月四日（千代田区「Café 馬糞の辻」に於いて）

――苦難の対談でした

大谷　悟

理論物理学者で合気専門家の保江邦夫氏から、海鳴社を通じて対談のお誘いを受けたとき、正直私はうろたえた。相手は難解な物理学の著作もある著名人だ。何を言い出すかわかったものではない。一方こちらはというと、一介の神経生物学徒にすぎず、自慢じゃないが高校のときは物理が苦手で、「放ったタマがどんな線を描いてどこに落ちるのか」で思い悩む人間がいるのが理解できなかった。

「俺の知ったことか。人生ほかに考えることがあるだろうが」

と開き直っていたクチである。しかし保江氏は脳にもご興味があり、その方面の著作もある。さらにテーマは「合気と脳のはたらき」についてだという。スポーツだったら私の守備範囲でもあることだしと、恐る恐る引き受けることにした。

ところが、しょっぱなから対談は難渋をきわめた。保江氏は素人のボクサーさながら予想もしない角度からパンチをくり出してくる（これの意味は対談を読めばわかります）。こちらをブロックするとあちらから、それをよけるとこちらから、という具合で、私は翻弄され、右往左往し、ご覧になればわかるとおり対談前半は保江邦夫独壇場の感がある。だが冷汗かきながらも私は応戦した。すると、満足にほど遠いとはいえ、話はだんだん噛み合ってきて、最後のあたりではお粗末ながらも考えるヒントくらいなら差し上げることができたかな、と思う。ただしそのヒントは、私が専門とする脳科学からというよりはむしろ、ウラ芸の哲学話から出てきたのだったが。

「唯心論」なんて聞くと人は、

「ああ、『モノは存在しない』などとたわごとほざいてるあれか」

と疑わしい顔になるかもしれない。オカルト扱いする人もいるのではないか。けれど実は、話はそんなに簡単ではない。近代唯心論哲学の大本山バークリー僧正だって、べつに目の前のモノが「幻だ」とか言ったわけではないのだ。実際のところ、考えれば考えるほど、「モノ」と「モノの認知」とはひとつの同じことではないかとの思いが募ってくるのは否めない。このあたりの事情を、もっともエレガントに、そしてもっとも体系的に述べたのが、ベルクソンだったというわけである。

さて、人工物であふれかえるこの未曾有の近現代に生きているからか、私達はついついナイーブに、モノを知りさえすればそれですべてが知れるはずだと思いこみがちだ。けれど、私達が実感しているこの心のほうは、いったいどうなってしまったのだろう。そろそろ「非科学的」なんていう狭量で紋切り型のそしりはわきに置いて、心を正当に扱ってあげてもいいのではないか、唯心論「対」唯物論ではなくて、その垣根を取っ払ったらどうなるか?……暇なとき私はつらつらとこんなふうに考えるし、保江氏が私の発言に賛同してくださったのも、こんな思いは一部ではもう広まっているらしいことを改めて物語っているようで、こちらとしても我が意を得た感じがしたのであった。

合気については、私はよくわからない。唯心論のような考えがこの技の解明のための助けになるのかどうかも、私には不明だ。職業柄、何かを説明するときには自分が知っている事実だけを用いることにして、それで説明つかなければ判断保留である。だから合気は私にとっては判断保留なのだけれど、拙著（『心はどこまで脳にあるか』）でも取り上げたあの共時性（偶然の一致）のように、判断保留事項というのは世の中そんなに珍しいことではない。……ああそういえばついこの間も、あっとたまげるような共時性現象を体験したな。でもこれについては、またの機会にでも。

（大谷　悟：パリ第6・Pierre et Marie Curie 大学
神経生理病理学研究所神経可塑性グループリーダー）

著者：保江　邦夫（やすえ　くにお）

岡山県生まれ.
東北大学で天文学を，京都大学と名古屋大学で数理物理学を学ぶ.
スイス・ジュネーブ大学理論物理学科・東芝総合研究所を経て，現在ノートルダム清心女子大学大学院人間複合科学専攻教授，専門学校禅林学園講師.
大東流合気武術佐川幸義宗範門人.
冠光寺眞法隠遁者.
著書：『数理物理学方法序説（全8巻＋別巻）』（日本評論社），『武道の達人』『合気開眼』『量子力学と最適制御理論』『唯心論武道の誕生』（以上，海鳴社），『魂のかけら』（佐川邦夫＝ペンネーム，春風社）など多数.
キリストの活人術である冠光寺眞法に基づいた冠光寺流柔術を岡山市野山武道館で指南．稽古日時：毎週土曜日14時～18時、日曜日14時～17時（年末年始と大学入試センター試験日は休み）　連絡先：kkj@smilelifting.com

脳と刀——精神物理学から見た剣術極意と合気——

2009年　11月20日　第1刷発行

発行所：㈱海鳴社　http://www.kaimeisha.com/
〒101-0065　東京都千代田区西神田2－4－6
Eメール：kaimei@d8.dion.ne.jp
電話：03-3262-1967　ファックス：03-3234-3643

発行人：辻　信行
組　版：海鳴社
印刷・製本：シナノ印刷

出版社コード：1097

ISBN 978-4-87525-262-7

落丁・乱丁本はお買い上げの書店でお取替えください

山﨑博通
治部眞里
保江邦夫

ボディーバランス・コミュニケーション

——身体を動かすことから始める自分磨き——

「力」と「愛」の活用バランス。心身ともに強くなり、自他ともに幸せになるためのメソッド。

監修・宗　由貴　46判222頁、1,600円

保江邦夫

武道の達人　柔道・空手・拳法・合気の極意と物理学

三船十段の空気投げ、空手や本部御殿手、少林寺拳法の技などの秘術を物理的に解明。46判224頁、1,800円

合気開眼　ある隠遁者の教え

キリストの活人術を今に伝える。合気＝愛魂であり、その奥義に物心両面から迫る。　46判232頁、1,800円

唯心論武道の誕生　野山道場異聞

人間の持つ神秘の数々と稽古で学ぶことができた武道の秘奥。DVDダイジェスト版付　A5判288頁、2,800円

量子力学と最適制御理論

この世界を支配する普遍的な法則・最小作用原理から、量子力学を再構築した力作。　B5判240頁、5,000円

【DVD】　冠光寺眞法　キリスト伝来の活人護身術

カトリック修道院において「荒行」として細々と伝承されてきた活人術。日頃の稽古の様子を収録・初公開。

オリジナル版　55分、10,000円

大谷　悟

心はどこまで脳にあるか　脳科学の最前線

眉つばものの超常現象とはいえ、看過できない現象が報告され、研究・観察されている。脳と心の問題の根底。

46判264頁、1,800円

本体価格